BASTEI
LÜBBE

Rosine De Dijn

Die Flucht der Yudka Kalman

BASTEI
LÜBBE

BASTEI-LÜBBE-TASCHENBUCH
Band 12781

Lizenzausgabe: Bastei Verlag Gustav H. Lübbe GmbH & Co.,
Bergisch Gladbach
Printed in Germany Januar 1998
Einbandgestaltung: Brigitte und Hans Peter Willberg, Eppstein
Satz: Fotosatzstudio »Die Letter«, Hausen/Wied
Druck und Bindung: Ebner Ulm
ISBN 3-404-12781-1

Der Preis dieses Bandes versteht sich einschließlich
der gesetzlichen Mehrwertsteuer

In Gedanken an Suri

Die Zeit, sagt der Volksmund, heilt alle Wunden,
und wie so manches Mal irrt er sich auch hier.
Die Zeit heilt keineswegs alle Wunden. Sie
entrückt vielleicht oder beschwichtigt sogar,
doch heilen kann sie nicht.
Es gibt einen singulären Schmerz, der nie aus
der Welt kommt.

Siegfried Lenz

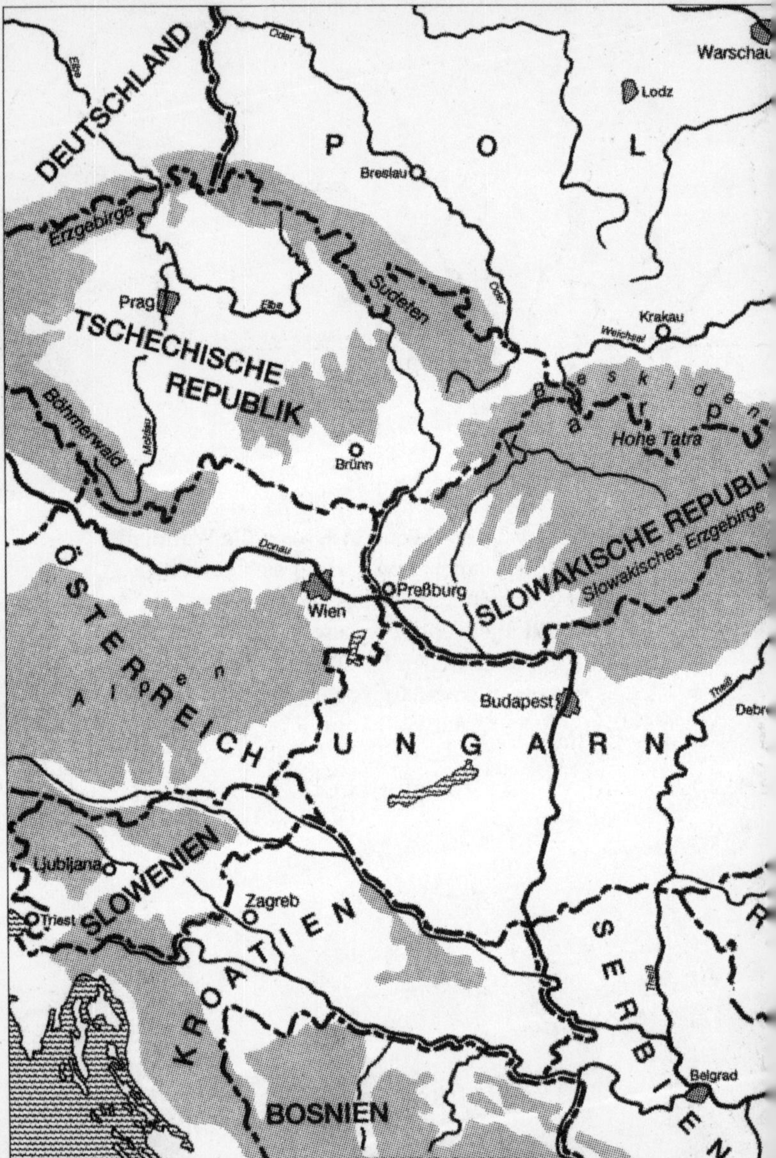
DEUTSCHLAND
Elbe
Oder
Warschau
Lodz
P O L
Breslau
Erzgebirge
Sudeten
Oder
Prag
Elbe
TSCHECHISCHE REPUBLIK
Krakau
Weichsel
Beskiden
Hohe Tatra
Böhmerwald
Moldau
Brünn
SLOWAKISCHE REPUBL
Slowakisches Erzgebirge
Donau
Preßburg
Wien
ÖSTERREICH
Alpen
Budapest
Theiß
Debr
UNGARN
Ljubljana
SLOWENIEN
Zagreb
Triest
KROATIEN
SERBIEN
Theiß
Belgrad
BOSNIEN HERZEGOWINA

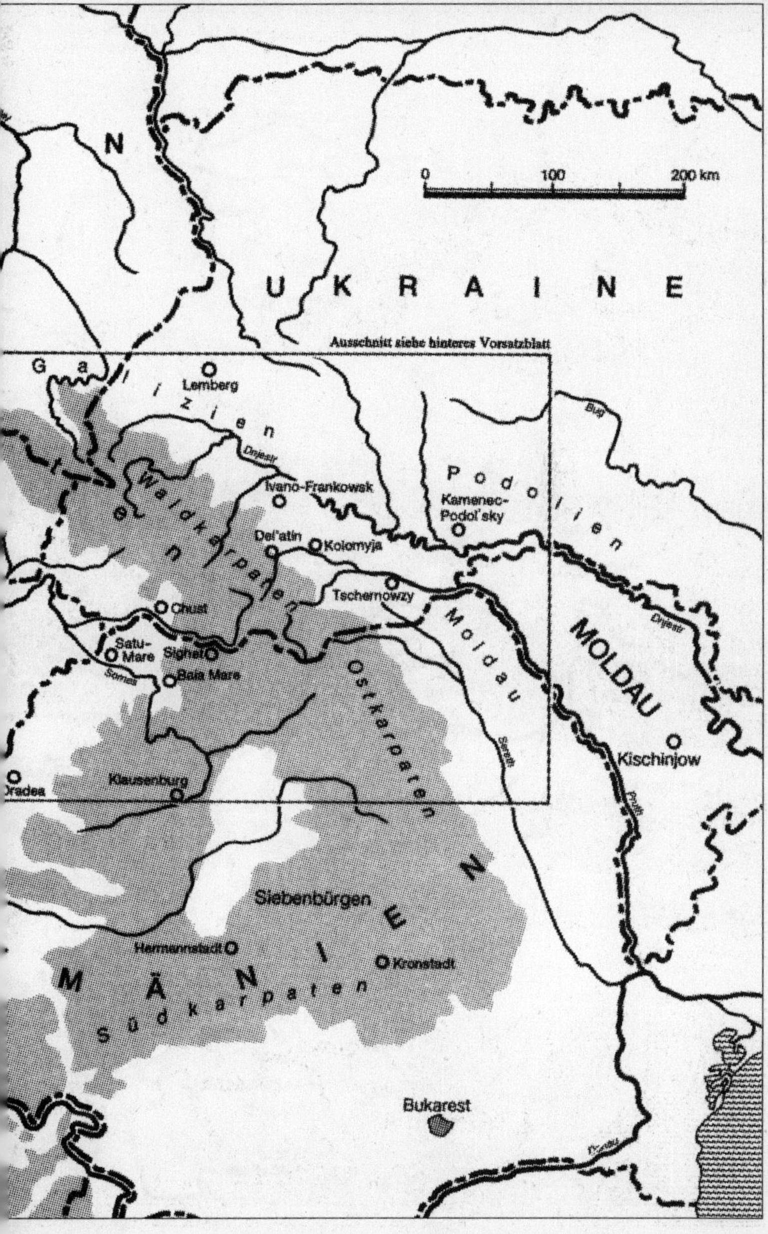

N
0
100
200 km
UKRAINE
Ausschnitt siehe hinteres Vorsatzblatt
Galizien
Lemberg
Dnjestr
Waldkarpaten
Ivano-Frankowsk
Podolien
Kamenec-Podol'sky
Bug
Del'atin
Kolomyja
Chust
Tschernowzy
Moldau
MOLDAU
Dnjestr
Satu-Mare
Sighet
Somes
Baia Mare
Ostkarpaten
Sereth
Kischinjow
Pruth
Oradea
Klausenburg
Siebenbürgen
Hermannstadt
Kronstadt
RUMÄNIEN
Südkarpaten
Bukarest

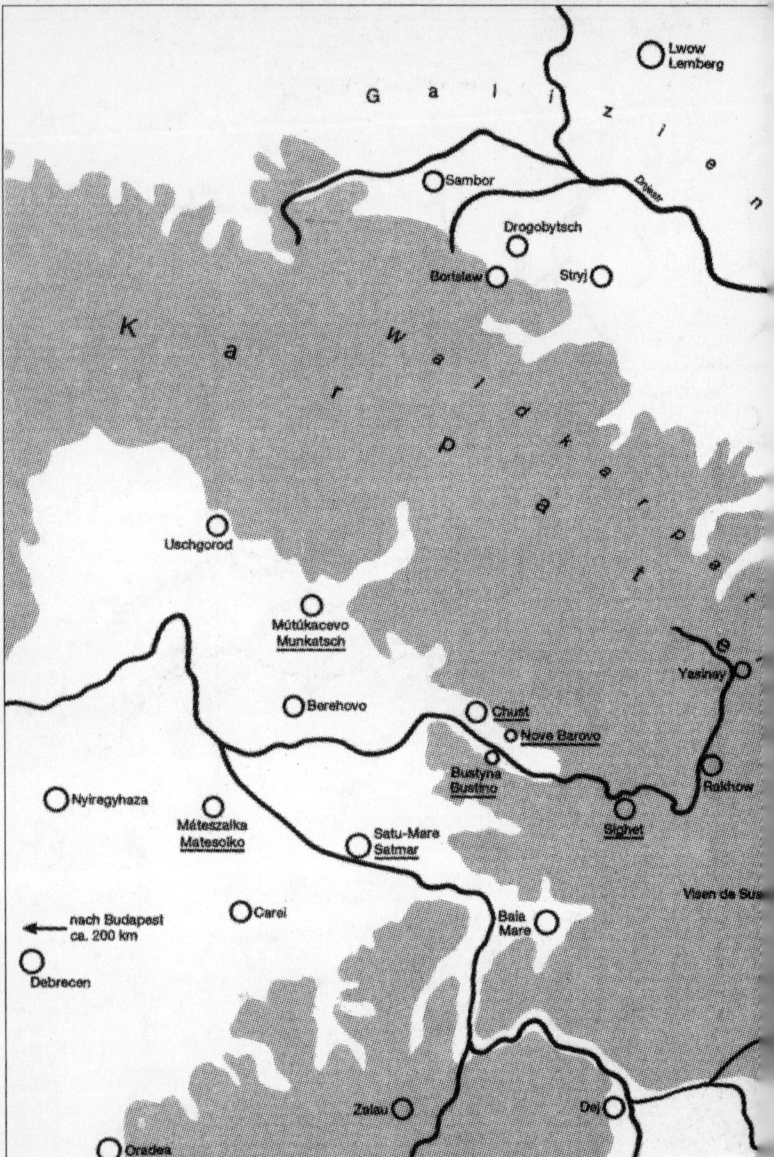

Lwow
Lemberg
G a l i z i e n
Sambor
Drogobytsch
Borislaw
Stryj
Uschgorod
Mútúkacevo
Munkatsch
Yasinay
Berehovo
Chust
Nove Barovo
Bustyna
Bustino
Rakhow
Nyiregyhaza
Máteszalka
Matesolko
Sighet
Satu-Mare
Satmar
Visen de Sus
nach Budapest
ca. 200 km
Carei
Baia
Mare
Debrecen
Zalau
Dej
Oradea
Klausenburg

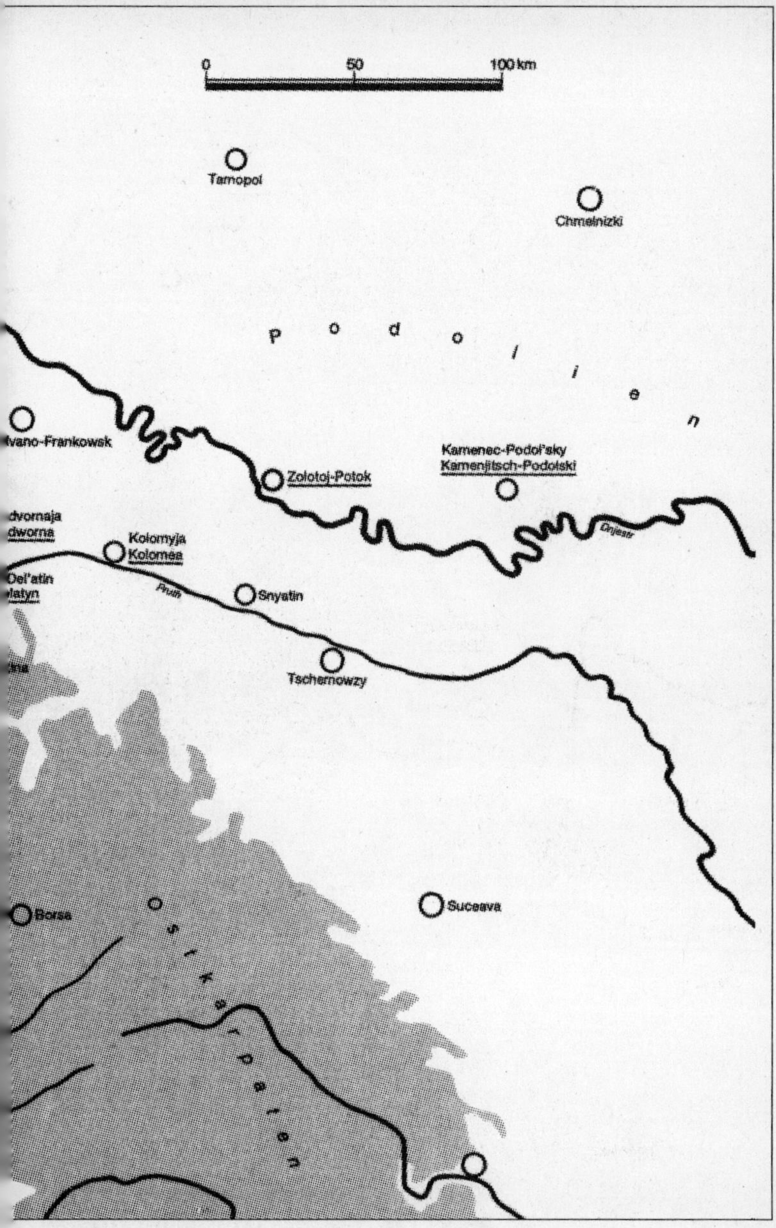

0
50
100 km
Tarnopol
Chmelnizki
P o d o l i e n
Ivano-Frankowsk
Zolotoj-Potok
Kamenec-Podol'sky
Kamenjitsch-Podolski
Dnjestr
dvornaja
dworna
Kolomyja
Kolomea
Del'atin
latyn
Pruth
Snyatin
Tschernowzy
Borsa
Suceava
s r k a r p a t e n

Inhalt

Prolog

»Meine Mutter möchte dir ihre Lebensgeschichte erzählen«, sagte mir Natasha Goldberg unvermittelt.

Ich zögerte.
In das Labyrinth eines jüdischen Schicksals schauen?
Ein Dialog auch mit meiner eigenen Befangenheit?

Ich traf Yudka Kalman, Natashas Mutter, zum erstenmal bewußt beim Bar Mitzwa ihres Enkels Abel, inmitten ihrer Großfamilie, ihrer Kinder, Enkel, Urenkel, inmitten der weitläufigen Verwandtschaft und der Freunde, die aus allen Teilen der Welt zum Feiern angereist waren. Offenherzige Menschen, gläubige Juden unter sich, schicksalhaft innigst miteinander verbunden, Davongekommene und Zuwanderer aus Osteuropa, die für sich und ihre Kinder ihre eigene Welt hüten. Ich begegnete ihnen in der letzten großen Talmudstadt auf dem europäischen Kontinent: Antwerpen.

Als Kind streunte ich bereits neugierig durch das Bahnhofsviertel meiner Heimatstadt, wo sich die strenggläubigen Chassidim niedergelassen haben. Ich schaute faszi-

niert den Männern mit ihren krawattenlosen weißen Oberhemden und ihren enggeschnittenen Kaftans nach und beobachtete die geschäftigen Herren mit Hut und schwarzer Ledertasche, wie sie durch das abgesicherte Diamantenzentrum hasteten.
Eine fremde Welt, zu der ich keinen Zugang hatte.
In dem vollgepfropften Lädchen unter den Rundbögen des Bahnhofs kaufte meine Mutter bei Frau Goldstein Socken und Strumpfhosen ein und bei Kleinblatt in der Provinciestraat frische Zopfbrote und köstliches Gebäck. Im Supermarkt an der Plantin Moretuslei besorge ich mir bis heute die Matzes und die großen weißen Bohnen, die obligatorische Beilage zur Hühnerbrühe am Schabbes, während jüdische Mütter mit ihrer Kinderschar nach koscheren Sonderangeboten Ausschau halten. Die fröhlich jiddisch schwatzenden, fein herausgeputzten Familien, die am Sabbatmorgen unter den ausladenden Linden auf den Bänken im Park sitzen, gehören zum Stadtbild, aber »man bleibt unter sich«, abgegrenzt und eingebettet in der sicheren Geborgenheit des »Eigenen«.

So blieb auch ich als Zuschauerin auf der Schwelle der geheimnisvollen Welt stehen, zu der es für mich keinen Schlüssel gab, bis Yudka ihn mir reichte.

Am großen Eßzimmertisch ihrer Wohnung saß sie mir immer wieder in unregelmäßigen Abständen monatelang gegenüber, die zierliche kleine Jüdin mit den slawischen Gesichtszügen und den dunklen, ausdrucksvollen Augen, die bis zum Rand beschriebenen Heftblätter vor sich, Erinnerungsnotizen, im Jahre 1984 angefangen, unleserlich hingekritzelt auf den vielen Flugreisen von und nach Antwerpen, aufgezeichnet während der Ferien an der See oder in den Bergen, zusammengestellt in zahlreichen einsamen Stunden, nachts, als sie nicht schlafen konnte und die Erinnerungen auf sie einstürmten, und dann in der letzten Zeit in dem Bewußtsein ihrer schweren Krankheit. Die Zeit drängte. Sie wußte es.

Die Stationen ihres Lebens drängten in den Raum, stokkend, mal laut, mal leise, mit von Tränen erstickter Stimme, aber dann immer wieder klar und bestimmend, getrieben von dem Entschluß, nun endlich alles mitteilen zu wollen.
Sie öffnete mir vertrauensvoll die Türen ihrer Seele und ließ mich völlig schonungslos in den Abgrund ihrer Einsamkeit schauen – in dieses Leben mit den nie mitgeteilten ungeheuerlichen Verletzungen.

Aus dem Dialog auf der langen Reise zurück in ihre Vergangenheit wurde eine Symbiose, ich schlüpfte in ihre Haut und tauchte unter in ihrer Persönlichkeit. Besetzt von ihren Gefühlen, Sehnsüchten und Verletzungen stand ich dann einmal am Grab ihres Vaters in Buenos Aires, besuchte in der belgischen Borinage die ruthenische Marika und deren Familie, fuhr in die Karpaten-Ukraine, dieses »Land der Bären«, fand Nove Barovo und traf Anna und Iljana in dieser isolierten, vergessenen Welt. Meiner unglaublichen Ignoranz bewußt, durchstöberte ich die spärliche Literatur dieses von sämtlichen Herrschern geschändeten Landstrichs ihrer Kindheit und Jugend, entdeckte immer neue Grenzverschiebungen und mir unbekannte ethnische

Gruppen, staunte über die schmerzhafte, willkürliche politische Vorgeschichte, besuchte Deutsche, die bis heute noch dort leben, informierte mich im Freiburger Militärarchiv über die damaligen Frontverläufe in dieser gottverlassenen Gegend und über die Geißelung, die in den Jahren, dort besonders, über alle niederging und das Gesicht Europas verstümmelt hat.
Nachdem Yudka nach all der getanen Arbeit zufrieden die zahlreichen unleserlichen Blätter in den Schoß gelegt, die letzten Details erschöpft, aber gelöst auf Tonband gesprochen hatte, die Fotos von Anna und Iljana und den Sonnenblumenfeldern um Nove Barovo in der Hand, starb sie friedlich im Kreise ihrer großen Familie.

Das Puzzle war zusammengelegt.
Es war ihr Testament.
Mir blieb das Geschenk der Vollstreckung.

I

Die Heimat – ein Leben ohne Vater

Dorthin, wo alles begann, wo die Welt ihre Unschuld und Gott seine Maske verloren.

Elie Wiesel

Ich, Yudka Kalman, wurde 1926 geboren.
Aufgewachsen bin ich in einem kleinen Dorf in der Karpaten-Ukraine, tief im alten europäischen Osten. Der Alltag dort war unbarmherzig, die Menschen arm, die Natur launisch.
Eine verdrängte Welt. Verloren hinter einem endlosen Schweigen.
Ich hatte die Erinnerungen an die ersten Jahre meines Lebens wie Diebesgut versteckt, die Erinnerungen an die ersten Bindungen und Freunde, an meine Mutter Ester Herz, die Rutheninnen Anna und Iljana und mein Schwesterchen Golde. Fast so, als verspürte ich Scham. Nur wirre Alpträume verfolgten mich in den Nächten. Trieben mich bis an den Rand des Wahnsinns.
Über Jahre, über Jahrzehnte.
Die Zeit hat meine Wunden nicht geheilt. Ich bin aus der Hölle des Gedächtnisses nicht entlassen worden.
Über vierzig Jahre war ich versteinert, leer, erstarrt in dem Ungeheuerlichen. Stumm. Zehnmal, zwanzigmal habe ich die Blätter meiner fragmentarischen Aufzeichnungen zerrissen. Immer wieder die vollgekritzelten Papiere zerknüllt und weggeworfen.

Heute erst, in der immer wiederkehrenden Aufwallung des zwiespältigen Heimwehs, nach den allerersten Schritten der Bewältigung des Unermeßlichen, will ich das mir inzwischen längst gestohlene Fleckchen Erde den Kindern auf der Landkarte zeigen, in einem Gefühl der inneren Versöhnung mit dem Schicksal.
Mein Dorf. Nove Barovo.
Der Name klingt wie ein lockendes fernes Echo in meinen Ohren.
Aber ich will nicht hin. Bestimmt nicht. Denn ich würde nicht mal ein Grab finden, an dem ich weinen könnte. Nicht mal das.
Nur mit Mühe kann man die Region, die Marmaros-Provinz, auf einer neueren Landkarte ausmachen. Zu oft wurde sie aufgeteilt, neu zugewiesen. Ortschaften wurden ihrer Namen beraubt, umgetauft, und die bunte menschliche wie kulturelle Vielfalt wurde durch den Zweiten Weltkrieg endgültig ausgelöscht.*
Diese Welt ist nur noch in dem bitteren Hauch meiner Erinnerungen aufbewahrt.
Meine Kinder leben längst in einer anderen Welt. Ohne Alpträume. Selbstbewußt und ohne Verletzungen.
Jetzt will ich den Faden zu meinem Dorf, zu meiner Mutter, zu meiner Heimat wieder aufnehmen. Ich muß meinen Kindern, meinen Enkeln und Urenkeln erzählen, was gewesen ist. Ich muß mein Versprechen einlösen. Mein Vermächtnis. Auch wenn Ängste mich quälen, Bitterkeit hochkommt, Ohnmacht mich überfällt. Ich muß mich von den Gespenstern, die durch meine Nächte reiten, endlich befreien.

Mein Dorf, Nove Barovo: Es wird nicht einmal im »Book of Marmaros« erwähnt, in dem jüdischen Gedenkbuch der Davongekommenen, das auf ewig in Tel Aviv aufbewahrt wird. Nicht einmal im Index ist es aufgelistet unter den weit über hundert winzigen Dörfern und Schtetl in der Karpaten-Ukraine, zwischen Ober- und Unterapsa, Terishel und Terebla, Chust, Sighet und Sepinka, Deutsch Mokra, Königsfeld und Bustino.
Nicht mal da.
Wir waren arm, fromm und somit völlig bedeutungslos. Wir, die knapp zweihundertfünfzig Juden in dem Dörfchen zwischen den Sonnenblumenfeldern am Fuße der Karpaten. Nur nicht bedeutungslos genug, um nicht gejagt und ausgelöscht zu werden.
Von den 310 kümmerlichen Häuschen im völlig unbekannten Nove Barovo blieben über Nacht 52 leer zurück.

1941. Ein ganzes Dorf, über Nacht »judenrein«. Nichts Ungewöhnliches. Nicht der Rede wert.

Sie hießen Herz und Kaufman, Nachmann und Davidovits, Laizar und Itzkovitz. Sie waren Schneider und Schuster, Schmiede und Schankwirte, Holz- und Landarbeiter oder kleine Händler. Kleine Leute, mit denen ich tagtäglich verkehrte, Freunde meiner Mutter, Nachbarn.

Die Alten im Dorf erzählten, daß die ersten Juden nach der großen Katastrophe im Jahre 1648 in das ungarische Marmaros kamen. Damals zogen die Kosaken und ihre Verbündeten schon seit Jahrzehnten plündernd und mordend durch weite Landstriche Polens und Litauens. Die apokalyptischen Kriegsreiter kamen bis nach Lemberg in Galizien. In den eroberten Städten war die polnische und vor allem die jüdische Bevölkerung der Barbarei ausgeliefert. Fast 125 000 Juden fielen ihr zum Opfer. Die Überlebenden packten Hab und Gut und gingen auf die Flucht. Und so zogen sie über die Karpaten. Von Osten nach Südwesten. Weg aus Polen. Weg aus Galizien. Auf der Suche nach einem friedlichen Zuhause, einer sicheren Existenz.

»Holz ist das Gold der Karpaten«, sagte meine Mutter immer wieder.
Ich höre noch ihre klare Stimme, hell wie eine Silberglokke. Wie schön war sie, meine kleine Mama, und wie klug. Das Gold der Karpaten, von dem sie schwärmte, war ihr nicht beschert. Im Gegenteil. Meine Großmutter wurde viel zu früh Witwe. Mamas Bruder zog bereits 1928 nach Belgien, um dort sein Brot zu verdienen. Nur meine Mutter blieb in Nove Barovo, wo sie ihre Aussteuer, ein Stück Land, veräußerte, um den Erlös Moishe Kaufman, ihrem jungen Ehemann und unserem Vater, nach Argentinien mitgeben zu können.

Sie war damals zweiundzwanzig Jahre alt, ich zwei Jahre und meine Schwester Golde sechs Monate.

Nichts Entscheidendes hat sich in Nove Barovo geändert.* Endlose Felder voller wiegender Sonnenblumenköpfe stehen wie eh und je am Rande des ärmlichen Dorfes, das sich an die sanften Hügelrücken am Fuße der unwirtlichen Karpaten schmiegt. Enten und Gänse staksen durch Wasserpfützen, und magere Köter, an die Kette gelegt, kläffen

sich über die Schlammstraßen hinweg frech an. Hühner, neugierige Ziegen, Katzen stöbern in den Vorgärten. Wein rankt von Haus zu Haus. Ein Hauch südländischer Leichtigkeit für denjenigen, der nicht ahnt, wie ohnmächtig der arme Kleinbauer nach wie vor gegen die Verelendung ankämpft. Schwere Trauben baumeln zwischen den breiten, rostbraunen Blättern.
Eine Scheinidylle.

Wenn sich der Oktober neigt, wird Wein gepreßt und in Flaschen abgefüllt. Betäubendes Elixier für lange, ungemütliche, kalte Winterabende, wenn der rauhe Wind über die Karpaten jagt, das Holz für den Ofen in der Wohnstube knapp wird und das Mehl für das Brot dahinschwindet.

Trostloses, armes Ende der Welt.
Die Zeit hat hier über Jahrhunderte den Atem angehalten.

Wie sehr habe ich dieses stolze »Land der Bären« geliebt, dessen dichte Walder zum Teil nicht einmal kartographisch erfaßt wurden.*
Heute heißt es Sakarpatska Oblast.
Leere Buchstabenhülsen.
Sollte ich mit meinen Kindern eines Tages hinfahren? Mit meinen Enkeln Moishe, Schleimi, Rifke, Golde, Itsche, Ester, Uri, Ruth?
Nein. Sie würden es nicht verstehen.
Was wissen sie schon über die Marmaros-Juden, die damals mühsam zu Fuß oder auf dem Rücken eines Pferdes während der heiligen Ferien über diese geheimnisvollen

Berge und durch die engen Täler pilgerten, um drüben in Galizien ihren weisen Rabbi, den heiligen Zaddik, zu besuchen. In Kasov oder Wizsnitz. Die frommen Chassidim: Diese Landschaft war ihre Heimat, eine Heimat, die offensichtlich keinen Historiker besonders gereizt hat. So manches ist nur fragmentarisch oder mündlich überliefert worden. Der tägliche Kampf ums Überleben bestimmte die kümmerliche Existenz der Menschen. Auch der Juden. Auch meiner Familie, meiner Mutter.
Nove Barovo. Gestern und heute.
Wehmut erfüllt mich.
Wieder höre ich ganz deutlich Mutters helles Lachen. War sie eine glückliche Frau? In Nove Barovo schon. Dort war sie eingebettet in die ihr vertraute jüdische Gemeinde und in der unkomplizierten Freundschaft mit den Ruthenen aufgehoben. »Ester war eine beachtenswerte Frau, ein guter Mensch«, sagte mir später Petro Pilz, der Bruder von Poli Pilz, jenem »Schwab« aus Nove Barovo, der mir 1944 zur Flucht verhalf und damit seine ganze Familie in Ängste stürzte.
»Darum haben wir ihr und auch euch immer geholfen.«

Wie konnten die Henker uns über Nacht der Unbefangenheit berauben?

Meine Mutter, Golde und ich. Iljana und das Dorf. Onkel Schlomo, Schneider Itzkovitz und viele andere. Wir waren eine einzige große Familie. Mama war eine starke Persönlichkeit, stolz und arbeitsam, gütig und bestimmend. Ich war stolz auf sie. Ich habe meinen Vater nicht vermißt. Er hatte uns verlassen. Ich war ein Kind. Was wußte ich schon

über die soziale Lage, über politische Hintergründe? Über Not und Elend?
Das Elend trieb die Juden wie die einheimischen Bauern damals in die Arme skrupelloser Auswanderungsagenten. Bereits Ende des 19. Jahrhunderts zogen diese Rattenfänger über die Dörfer auf der Suche nach billigen Arbeitskräften für die Erschließung Nordamerikas, Brasiliens und Argentiniens.* Ein windiges Geschäft mit der Hoffnung. Ende der zwanziger Jahre, mein Vater verließ 1929 Nove Barovo, suchten viele Juden ihr Heil in der Auswanderung. Das war für unsere Gegend neu. Denn bis dahin hatten sich die Marmaros-Juden, trotz der Armut, an ihre inzwischen liebgewonnene Heimat geklammert. Sie hatten Angst vor dem Abenteuer. Doch die politische Situation zwang sie zum Umdenken. Sie wanderten aus in die USA, nach Palästina und nach Südamerika und hofften auf eine bessere Zukunft.

Wie mein Vater, Moishe Kaufman.
Und zahlreiche Frauen blieben zurück.
Wie meine Mutter, Ester Herz.

Der abwesende Vater oder Ehemann war nichts Ungewöhnliches in den Dörfern oder im Schtetl. Die Frauen hofften, irgendwann mit den Kindern nachzureisen. Doch daraus wurde meistens nichts. Eine fromme Jüdin, wie meine Mutter, traf dieses Schicksal doppelt hart, denn sie konnte weder als Witwe noch als geschieden betrachtet werden, weil nach der jüdischen Religion der Mann einer Scheidung zustimmen muß.
Das Land bot keine Zukunft. Für niemanden.

Die Abwesenheit meines Vaters hat mich erst später sehr belastet. In den unwürdigen Jahren der Flucht wurde mir die verzweifelte Einsamkeit meiner starken Mutter bewußt. Das machte mich unversöhnlich. Mein Vater war der Glückliche, der immer weit, weit weg war. In Sicherheit. Er hatte sich in meinen Augen davongemacht, sich weggestohlen. Nur an sich gedacht. Meine Mutter blieb mit zwei kleinen Kindern und völlig mittellos in dieser Hölle zurück. Dafür habe ich ihn über Jahre verantwortlich gemacht.

Meine Tante Fritzi, die Schwester meines Vaters, und Onkel Aron, der Bruder meiner Mutter, die beide Ende der zwanziger Jahre nach Belgien ausgewandert waren, erzählten mir nach dem Krieg, wie sehr mein Vater meine Mutter geliebt haben muß. Das versöhnte mich ein wenig mit der Vergangenheit. Vielleicht zehrte meine Mutter, die nie über diese Dinge sprach, von der Liebe zwischen ihr und meinem Vater, auch wenn der weit fort war. Mir aber blieb nur das Gefühl, amputiert zu sein, vaterlos. Ich spüre noch immer Schmerz und Bitterkeit, auch wenn ich inzwischen Urgroßmutter geworden bin und mein Verstand mir alles erklärt. War ich gerecht? Sicher nicht. Was hat der junge 24jährige Moishe Kaufman schon ahnen können vom späteren Flächenbrand Europas, als er das Schiff nach Argentinien bestieg? Nach dem Inferno und dem mörderischen Krieg setzte er alle Hebel in Bewegung, um uns zu finden. Wie lange hörte er nichts mehr von uns? Meine Mutter verlor darüber nie ein Wort. Vetter Gerson drängte uns später zur Umsiedlung nach Argentinien. Nein. Ich wollte zwar, nachdem alles vorüber war, weg aus der verwüsteten Heimat, weit weg bis ans Ende der Welt, aber

nicht nach Argentinien. Ich wollte meinen Vater nicht sehen.
Als er erfuhr, daß meine Mutter den Krieg nicht überlebt hatte, heiratete er wieder und bekam noch zwei Kinder. Meine Mutter, die auf schrecklichste Weise umgekommen ist …
Es geht mir nie aus dem Kopf.
Ihr Leben und sein Leben – Gerechtigkeit? Damit wurde ich nie fertig.
Jetzt, wo ich alt bin, weiß ich, er war ein Mann ohne Fortune. Die langen Trennungsjahre entfremdeten uns. Die jüdische Identität hatte er in Buenos Aires, weit weg von Nove Barovo, zum Teil verdrängt, wie so viele andere, die nach all den Entbehrungen in der Karpaten-Ukraine dort ein neues Leben begonnen hatten. Vierundzwanzig Jahre war er alt, als er die Aussichtslosigkeit hinter sich ließ. Jung, gutgewachsen, hungrig. Tausende und Abertausende Kilometer vom bedrängten Osteuropa entfernt. Frau und Kinder nur noch ein Schatten. Nicht vergessen, aber sicher verdrängt in dem alltäglichen Kampf um die Wahrung seines eigenen Lebens. Wir weit weg: letztendlich Fremde. Und er für uns ein Fremder. Seine Geschichte war nicht unsere Geschichte. Irgendwann, es muß 1986 gewesen sein, lud ich meine Halbgeschwister, David und Ester Kaufman, nach Antwerpen ein. Tante Fritzi überredete mich. Die Begegnung stimmte mich wehmütig. In David sah ich Züge unserer Verwandtschaft. Ob unser Vater so ausgesehen haben mag? Leicht ergraut an den Schläfen und mit einer hohen Stirn? Aber wir sprachen nicht dieselbe Sprache, die jüdischen Traditionen waren den beiden unbekannt, unsere Lebenseinstellungen waren zu unterschiedlich.

Der Funke sprang nicht über.

Wir haben uns nie mehr wiedergesehen.

Moishe Kaufman, mein Vater, wurde 1955 auf dem jüdischen Friedhof von Buenos Aires begraben. Sein kleines, ärmliches Grab läßt sich nur mühsam zwischen den Gräbern erfolgreicherer Juden dieses unendlich großen Friedhofs finden.
»Difunto Moishe Kaufman – Fallecido el 26 de diciembre de 1955 – Cementerio Tablada Tablon 1177 Sep 29 Secc ...«
Wenigstens einen neuen Stein wollte ich stiften. Dann verdrängte ich es aber wieder.
Aber das Ganze läßt mich nicht los. Die Adresse eines Steinmetzunternehmens vor dem »Asociación Mutual Israelita Argentina – Comunidad de Buenos Aires« liegt auf meinem Schreibtisch.

II

1926-1941
Alltag in Nove Barovo:
Wir waren alle aufeinander angewiesen

Höre, oh Israel! Sie betrachten sich als das auserwählte Volk und sie leben schlimmer als die Hunde …

Baal Machschabbot

Wir jüdischen Mädchen drückten mit den ruthenischen Dorfkindern die gleiche Schulbank. Anna, die zweitjüngste Tochter des ruthenischen Bauern Michael Ivanovitsch Tolvay, war meine Klassenkameradin.
»Schau sie dir an, die kleine Anna«, neckte mich gelegentlich meine fleißige Mutter. »Sie flicht die Challes schon besser als du.« Sie hatte das flinke Nachbarmädchen in ihr Herz geschlossen, und Anna war bei uns wie zu Hause. Mit Anna Tolvay ging ich auch regelmäßig in den griechisch-katholischen Gottesdienst. Wir waren Busenfreundinnen, tauschten unsere kindlichen Flüstergeheimnisse, und jahrelang hielten wir wie Pech und Schwefel zusammen. Wenn unsere Mütter uns nicht zum Helfen verdonnerten, streunten wir durch die umliegenden Felder, halfen bei der Kartoffelernte, versteckten uns in den Wäldchen und schworen uns ewige Treue. Wie alle Kinder auf der Welt.

Heute lebt meine Jugendfreundin noch immer in Nove Barovo. Bescheiden und arm, wie vor hundert Jahren. Eine ruthenische Bäuerin, die graugewordenen Zöpfe unter dem dunklen Kopftuch versteckt, einer rückständigen Welt ausgeliefert, gezeichnet von den Schrecken und

Qualen eines Jahrhunderts, dessen Barbarei nicht enden will.
Meine Mutter, eine gläubige Jüdin, kannte alle ruthenischen Frauen im Dorf. Ihre beste Freundin Iljana, eine kinderlose Bäuerin, kümmerte sich rührend um mich und meine kleine Schwester Golde. Mama hatte wenig Zeit. Da drückte Iljana schon mal ein Auge zu und verwöhnte uns. Wir lebten in bescheidensten Verhältnissen. Das Wasser kam aus dem Brunnen, Strom war ein Fremdwort, und unsere Häuschen glichen eher Hütten. Die ungepflasterten Dorfstraßen waren im Herbst vom Dauerregen oft völlig aufgeweicht. Die ganze Familie, Eltern, Kinder und Großeltern, hausten in einer einzigen Stube, die gleichzeitig Küche, Arbeits-, Eß- und Schlafzimmer war und wo sich im Winter des öfteren, vor allem bei den ruthenischen Bauern, Kälber, Lämmer, Ferkel und Gänse tummelten und die Kartoffeln gelagert wurden, damit sie nicht erfroren. Mitten im Raum stand der große, aus Lehm gebaute Ofen, auf dem meine Mutter unentwegt kochte und das Obst trocknete.

Die Schulpflicht wurde eingeführt, nachdem die Tschechen nach dem Ersten Weltkrieg an die Macht gekommen waren.* Die Ruthenen durften endlich ihre eigene Sprache an den Schulen sprechen.
Die tschechischen Lehrer zogen über die Dörfer und suchten ein Quartier. Da meine Mutter nichts gelernt hatte, nahm sie sie als Pensionsgäste auf. So hat sie uns durchgebracht. Mama gab ihr Letztes für unsere Erziehung. Sie war eine weitsichtige und ungewöhnliche jüdische Frau.
»Yudka, du sollst etwas Vernünftiges lernen«, meinte sie

energisch, auch wenn damals eine Schulausbildung für jüdische Mädchen nicht üblich war.

»Wer weiß, was für dich das Leben bringt«, sagte sie und dachte sicher dabei an ihr eigenes Schicksal.

Nachdem ich mit zehn Jahren die Aufnahmeprüfung für das russische Gymnasium in Chust bestanden hatte, brachte sie mich in der Kreisstadt bei einer Cousine meines Vaters unter. Dort besuchte ich von 1936 bis 1940 die höhere Schule. Nur viermal im Jahr durfte ich nach Hause. Die Wege waren schlecht, und das Reisen war recht beschwerlich. Für meine Mutter war meine Ausbildung in Chust eine große finanzielle Bürde. Aber sie ließ sich nicht davon abbringen. Sie selbst lebte ihr Leben im Schtetl, unkompliziert und bescheiden.

»Yudka, zeige der Anna, wie man Tscholent kocht«, mahnte mich meine Mutter des öfteren. Anna wußte Bescheid in der koscheren Küche, und ich ging bei der Familie Tolvay ein und aus.

Wir mochten einander.

Im Dorf waren wir alle aufeinander angewiesen. Der jüdische Damenschneider arbeitete mit ruthenischen Lehrlingen, und so manche jüdische Bäuerin hatte ein ruthenisches Hausmädchen, das den Kindern nicht nur koscheres Essen kochen konnte, sondern auch am Sabbat Besorgungen machte und für die chassidische Familie den Ofen heizte. Wir waren einander vertraut. So machte die kindliche Neugierde eines kleinen jüdischen Mädchens, wie ich es war, keinen Halt vor dem griechisch-katholischen Gottesdienst, auch wenn der wirklich fromme Jude meint, man solle das Gebäude der katholischen Kirche meiden oder im Vorbeihuschen eine Schutzformel sprechen …

Wie viele katholische Priester haben nicht später in den dunklen Zeiten die Gejagten und Verfolgten auf ihren geweihten Friedhöfen versteckt? Auch wir landeten eines Tages während der grausamen Verfolgungszeit auf einem goischen Friedhof. Er wurde unsere Rettung.
Aber das ist eine andere Geschichte.
Anna und Marika, die älteste Schwester meiner Freundin, brauchten die Schulpflicht nicht so ernst zu nehmen. Die Mädchen mußten mit anpacken im Haus oder auf dem Feld. Das war für die Eltern wichtiger als der Schulunterricht, auch wenn Michael Ivanovitsch Solvay vermögender war und mehr Land besaß als die meisten Juden.
»Die Herrschaften aus Budapest kümmerten sich nur um sich. Die Ruthenen waren ihnen völlig egal«, behauptete meine Mutter, und in ihrer Stimme schwang etwas wie Aufbegehren mit. Die Ungarn hatten jahrhundertelang kaum etwas für die Bildung der Bevölkerung getan.
Vor dem Ersten Weltkrieg konnte weit mehr als die Hälfte der Bevölkerung weder lesen noch schreiben. Die Ruthenen waren rückständig. Das allerschlimmste Übel war und blieb aber der Schnaps. Die Leute destillierten dieses Teufelszeug selbst aus Holz. Es soll eigentlich abscheulich geschmeckt haben, aber die Einheimischen tranken es zu jeder Gelegenheit.
»Unsere Bauern trinken viel und gern Wasser, aber nur, wenn es gebrannt ist«, spotteten wir in Nove Barovo.

Meine Mutter konnte selbstverständlich lesen und schreiben. Somit galt sie im Dorf schon als richtige »Intellektuelle«. Sie lachte stolz, wenn einer von ihr behauptete: »Sie hat den Kopf eines Mannes.« Auch wenn nicht jede Jüdin dies damals als ein Kompliment auffaßte. Uns Mädchen war das Talmudstudium nicht zugänglich. »Eine jüdische Frau, die im Talmud unterwiesen ist, ist keine gute Partie«, dieser Satz gehörte zu den ungeschriebenen Gesetzen des Schtetls, aber Mutter hielt mich an, die Landessprache zu lernen. »Jiddisch ist zu wenig, Yudka«, mahnte sie mich, »lerne fleißig Tschechisch und Russisch. Sprachen machen frei. Du sollst es mal besser haben als ich.«

Mama verstand sich im Dorf besonders gut mit den »Schwaben«, mit den Familien Pilz und Manditsch. Die Deutschen, die zum Teil im 18. Jahrhundert in die Karpaten gekommen waren und in Deutsch Mokra, in Königsfeld und Dombo oder in der Gegend von Munkatsch lebten, hatten eigene Lehrer und schickten ihre Kinder zur Schule. Wir Juden waren zwar nicht »gebildet« im herkömmlichen Sinne, aber wir wurden zu Hause und in der Synagoge ständig ermahnt zu lernen.

»Gelehrtsein ist das Wichtigste«, war Mutters Devise. Es galt mehr als materieller Besitz.

Die Männer in ihren bis zum Boden reichenden schwarzen Kaftanen, mit ihren schwarzen Hüten, den »Peijes«, den langen Haarlocken an beiden Schläfen, wie sie das Ritual vorschrieb, und ihren patriarchalischen Bärten waren mir zutiefst vertraut. Die Frauen verließen nur mit Kopfbedeckung das Haus. Wir Juden fühlten uns der religiösen Tradition verbunden und lebten streng nach dem Gesetz Moses. Diese Kleidung, so ganz anders als die tägliche, viel buntere Tracht der Ruthenen, hatte für mich nichts Auffallendes.

Ich kannte es nicht anders.

Itzkovitz verkaufte Hafer und Zucker, Branntwein und Zwirn, Seife und Karamellen, hortete vergnügt Eier, Ge-

flügel, Lämmer und auch Holz, um sie dann in der Stadt auf dem Markt anzupreisen. Für den Erlös kaufte er dort Salz, Mehl und andere lebensnotwendige Dinge preiswert ein und brachte sie dann im Dorf mit einem kleinen Gewinn an den Mann oder tauschte sie ein. Er gab der Mutter auch schon mal für ein paar Tage Kredit. Das konnte sie gelegentlich gut gebrauchen.
Schneider Nachmann fertigte die Sonntagstracht und die Leinenblusen der ruthenischen Bäuerinnen. Wir Kinder durften zugucken, wenn die Nähmaschine ratterte, aber er verlor schnell die Geduld. Dann schrie er: »Schert euch zum Teufel.«
Der schiefgewachsene, schrullige Hausierer Laizar pries neben »fliegender« Ware jeglicher Art auch seine Vermittlerdienste in allen möglichen Angelegenheiten an. »Zsigmond Guttman aus Chust ist gestorben«, erzählte er meiner Mutter am Küchentisch beim heißen Tee, aber Mama wollte wissen, ob Jakob Haasenfeld aus Bustino nun tatsächlich Sara Simonovits heiraten würde. Laizar war immer über den letzten Klatsch und Tratsch aus der Stadt auf dem laufenden, berichtete den Bauern von neueren landwirtschaftlichen Methoden, wußte über Handel und Wandel der Menschen aus der Umgebung Bescheid und brachte Nachrichten über Leben und Tod. Versorgt mit neuem Klatsch zog er weiter ins nächste Dorf.

Lange nach dem Krieg berichtete mir Laizar in Antwerpen Neues über Marika Tolvay. Deren Mann, Michael Poppovitsch, war 1937 nach Belgien ausgewandert und versuchte im Kohlenrevier der Borinage unter Tage sein Glück. Laizar hatte den Holocaust überlebt und bot nun auf belgischen Nachkriegsmärkten seine Ware an. Da traf ihn Marika. Über sie bekam ich dann jahrelang Nachrichten aus meiner Heimat, wie es Iljana erging und ob Anna inzwischen ebenfalls verheiratet war und Kinder hatte.

Viele jüdische Männer in Nove Barovo arbeiteten mit ruthenischen Tagelöhnern auf den Feldern. Und so mancher jüdische Hausvater pachtete sich für die Saison einen blühenden Obstgarten. Die gab es bei uns im Tal zur Genüge. Zum Kauf eines großen Obstackers reichte es dagegen oft nicht. Die Obstbäume voller heranreifender Äpfel, Kirschen und Birnen mußten bewacht werden, weil Vögel und andere Räuber ständig auf der Lauer lagen. Alle Familienmitglieder des Pächters wurden abwechselnd zur Bewachung des teuren Besitzes abgestellt. Da saß dann schon mal ein Thorastudent unter dem Apfelbaum, das gefranste Tuch über die Schultern gelegt, das Schädelkäppchen auf dem Kopf, den er über die heiligen Schriften beugte.

Fromm waren sie allesamt in Nove Barovo. Wie herrlich dieses Gefühl, dazuzugehören. Für uns Kinder bedeutete es Geborgenheit, Familie, Verbundenheit. Eingebettet in eine sichere Welt, vertraut mit festen Spielregeln.
Wenn ich meine Augen schließe, sehe ich sie vor mir, die frommen Männer am Sabbat und an hohen Feiertagen in ihren seidenen Kaftanen, wenn diese vielleicht auch nicht aus echter Seide und schon ein wenig ausgefranst oder womöglich auch geflickt und in der Farbe verschossen waren, und die Frauen trugen stolz ihr mit Perlen besticktes dunkles Kleid, denn am Sabbat »ist jeder Jude ein König, jede Jüdin Königin«.

Bereits am Freitagnachmittag duftete es bei Mutter nach Challes, dem köstlichen weißen Sabbatbrot, und nach »tscholent«, dem Bohneneintopf, der den ganzen Samstag lang auf dem warmgehaltenen Ofen leise vor sich hinköchelte, damit wir etwas Warmes in den Bauch bekamen. Das konnten wir in den strengen Karpatenwintern gut gebrauchen.

Mutter war eine fromme Frau und erfüllte ihre jüdischen Pflichten, zündete am Freitagabend die Kerzen an und sprach den Segen über den Sabbatwein.

Am Samstag selbst war im Dorf nicht viel los. Die Juden führten fast alle Geschäfte, und am Sabbat arbeitete keiner. Dann konnten auch die Ruthenen nichts kaufen oder verkaufen.

Brauchten wir einen Schochet, den rabbinalen Schächter, oder den Rat des Rabbis, gingen wir nach Bustino*. Die Knaben aus Nove Barovo besuchten das Cheder in unserem Dorf, ein winziges Klassenzimmer. Der karge Raum war nicht geheizt, aber auch bei 20 bis 30 Grad unter Null wurde der Unterricht fortgesetzt. Der innigste Wunsch aller jüdischen Eltern war, daß ihr Sohn ein Thoraschüler würde. Aber längst nicht jeder war in der Lage, sich diesen Wunsch zu erfüllen. Nur einige Juden aus unserem Kreis schickten ihre Söhne zur höheren Schule, und nur ganz wenige besuchten die Universität. Das Opfer war oft zu groß. Es bedeutete nicht nur, daß der Sohn für lange Zeit weit weg von zu Hause lebte und viel Geld kostete, sondern auch, daß er möglicherweise den Einflüssen der Gojim ausgeliefert war. Davor hatten die Marmaros-Juden wohl am meisten Angst. Und so war es manchen jüdischen Eltern lieber, daß ihre Söhne Handwerker oder Arbeiter wurden. Eifrig lernten sie schneidern, schustern, Holz bearbeiten und die Felder bestellen.

So war unser Leben. So war mein Leben.

In unserer winzigen Synagoge, dort wurden Thoraschrein und Thorarollen aufbewahrt, traf sich die ganze jüdische Gemeinde. Die Kommunisten ließen das kleine rosa Gebäude nach dem Zweiten Weltkrieg zu einem Gemeindeclubhaus verkommen. Auf der Eingangstür sind jetzt in kyrillischer Schrift die Öffnungszeiten angegeben. Filme werden dort gezeigt.
Neben Jiddisch sprachen wir selbstverständlich Ruthenisch. Väter brachten ihren Töchtern Lesen bei, damit sie sich in den Zeitungen informieren konnten.
»Es ist mir eine Ehre«, betonte Onkel Schlomo, als ihm meine Mutter uns beiden Mädchen anvertraute. »Jede jüdische Frau soll wenigstens einen Brief schreiben und einen Roman in jiddisch lesen können. Je geschliffener die Erziehung eines Mädchens, desto höher ihr Wert als Braut«, meinte er und lachte dabei schelmisch. Golde und ich hörten ihm nur zu gerne zu. Wieviel lernte ich von diesem Mann und wie oft erlebte ich, daß die Dorfbewohner zu meinem Onkel kamen, ihm ihre rechtlichen Angelegenheiten vortrugen und ihn um juristischen Rat baten. Er kümmerte sich geduldig um alle Formalitäten, auch wenn er nie eine höhere Schule besucht hatte. In den einfachen Dörfern waren die Juden oft unentbehrlich.
Auch der Dorfladen und das Wirtshaus in Nove Barovo gehörten einem Juden. In den kleinen Geschäften und Gasthäusern fand ein reger Tauschhandel statt. Viele be-

zahlten in Naturalien. So brachte es manch jüdischer Kaufmann oder Wirt im Laufe der Zeit zu einem bescheidenen Wohlstand, zu dem auch der Geldverleih als Nebengeschäft beitrug.
In der Stadt ging es etwas anders zu. Wer es dort nicht zu einem »Kaufhaus« brachte, betrieb zumindest eine Straßenbude. Billige Kleider, Modeartikel, Spielzeug, imitierter Schmuck, Tand, Haushaltswaren und anderes, es war alles zu haben. Ein buntes Treiben.
Geschäftsleute, Händler, Weinbauern, mehr oder weniger gutsituiert, Restaurant- und Hotelbesitzer, Großhändler und der größte Teil der Intelligenzschicht des Landes war jüdisch. Die jüdischen Intellektuellen beeinflußten das öffentliche Leben. Es wurde ihnen nicht mißgönnt. Im großen und ganzen sind wir Juden also recht gut mit den Ruthenen ausgekommen. Jeder hatte seine eigenen Bräuche, seine frommen Feste. Die griechisch-katholischen Ruthenen feierten ihr Weihnachts- und Osterfest, ihre Taufen und Hochzeiten. Auch wir blieben an Feiertagen unter uns, hatten unsere Bar Mitzwa, das Fest, an dem für den dreizehnjährigen jüdischen Knaben die religiösen Vorschriften bindend werden, und Purim, das fröhliche, ausgelassene Fest zur Erinnerung an die glückliche Rettung unseres Volkes durch Ester. Wie oft schauten die Ruthenen uns an den jüdischen Feiertagen zu, zum Beispiel dem letzten Tag von Simchat Torah, wenn unsere Männer fröhlich über die Straßen tanzten.

Wer dachte im Traum daran, daß wir uns so verfeinden würden, wer hielt es für vorstellbar, daß wir ausgerottet werden sollten? Ich war noch ein Kind, aber so wie meine

Mutter mich erzogen hatte, war Toleranz für mich selbstverständlich. Um so unbegreiflicher war für mich das spätere ungeheuerliche Geschehen.

»Das Problem lag bei den Mächtigen«, sagte Onkel Schlomo. »Ungarn hat den Verlust unseres Landstrichs an die Tschechen nach dem Ersten Weltkrieg nicht verdaut. Die Herren in Budapest haben sich mit den neuen Grenzen nicht abgefunden. Sie liebäugeln nach wie vor mit dem Gedanken, die Gebiete, die vor dem Ersten Weltkrieg Ungarn gehört haben, wieder zurückzubekommen.«

Hitler kam den Ungarn zu Hilfe. 1939 überschritten deutsche Truppen die Grenzen von Böhmen und Mähren, und recht bald marschierten die ersten ungarischen Truppen bei uns ein.*

Und damit war es geschehen.

»Es wird schon werden«, meinte meine Mutter, die den Ungarn wohlgesonnen war. »Es sind doch zivilisierte Bürger.«

Mama war vor dem Ersten Weltkrieg geboren worden und sprach ein wenig ungarisch.

Viele Bewohner der Karpaten-Ukraine dachten so wie sie.

III

1941
Die Nacht der Nächte

So ist für mich der Akt des Schreibens häufig nichts anderes als der uneingestandene oder bewußte Wunsch, einige Worte in einen Grabstein zu meißeln: zum Gedächtnis an eine verschwundene Stadt, an eine Kindheit im Exil und – natürlich – zum Gedächtnis aller, die ich geliebt habe und die hinweggegangen sind, bevor ich es ihnen sagen konnte.

Elie Wiesel

Ich war noch keine vierzehn Jahre alt, als die Ungarn in der Tschechoslowakei einmarschierten und unser Schicksal besiegelten.
Im Frühsommer 1941 kam ich beschwingt aus Chust nach Hause. Es gab endlich Schulferien. Ich war ausgelassen vor Freude. Das Pessachfest stand vor der Tür. Draußen roch es nach weich-warmer Sommerluft. Ich wußte, Mutter hatte rechtzeitig mit dem Großreinemachen im Haus begonnen, die Kleider gelüftet, alle Haushaltsgeräte und das Geschirr gründlich geschrubbt und gespült, den Herd neu gekalkt, gekehrt und gefegt, gewaschen und gewienert. Bis die Hände wund waren.
Oh, du »jiddische Mamme«, wie sehr hast du mein Leben und Denken geprägt.
»Yudka, prüfe das Pessachgeschirr, ich habe es aus dem Verschlag geholt«, sagte sie zum Empfang und beteiligte mich damit gleich an unserem Haushalt. Ich war selig, nach so langer Zeit wieder zu Hause zu sein. Wie viele Eier mochte Mama für die Nudeln und Matzen, unser Pessachgebäck, wohl aufgespart haben? Ich schlich heimlich in den Keller. Noch heute überfällt mich bei der Erinnerung an den feucht-moderigen Geruch des Vorratsraums ein

leichter Schwindel. Sehnsucht. Als gläubige Jüdin ließ Mutter es sich nicht nehmen, am Pessach selbst den Matzenteig zu kneten. Dieses flache Gebäck ist seit eh und je für uns das Symbol des ungesäuerten Brotes, das damals beim Auszug der Juden aus Ägypten ohne Hefe gebacken wurde, weil den Müttern keine Zeit blieb.

Wie oft habe ich später diese Geschichte den Kindern und Enkeln erzählt? Immer wieder. Diese Nacht der Wache – wie symbolträchtig und gespenstisch sie im nachhinein wirkt!

Auf dem Heimweg von Chust nach Nove Barovo hatte ich mich auf das Sedermahl, das Chazeret, den Rettich, das Charoset, die mit Wein vermischten Mandeln und Äpfel und die Maror, das Bitterkraut, gefreut. Ich kannte das Pessachritual in- und auswendig. Die Kleinen würden wie immer fragen: »Worin unterscheidet sich diese Nacht von allen übrigen Nächten?« Und die Alten würden, wie es die jahrtausendealte Tradition vorschreibt, als Antvort die Geschichte des Exodus aus dem Buch der Haggada vorlesen. Das Glas Wein für den zu erwartenden Gast, den Propheten Elia, würde nicht fehlen ... Auch bei uns nicht, wenn wir auch nur eine halbe Familie waren. Denn die Überlieferung will, daß man nach dem Abendmahl, bevor man wieder die Gebete spricht, dem Propheten Elia einen Kelch Wein anbietet.

Nacht der Nächte.

Wer ahnte, daß die ungarischen Gendarmen bereits umgingen?

Wer ahnte, daß dieses Pessachmahl für viele in Nove Barovo das letzte sein sollte?

»Die Wege aus dem Schtetl, sie führten in alle Welt. Die

Wege im Schtetl, sie führten im Kreis. Todeskreis«, schreibt Joachim Riedl.
Der Todeskreis.
Wir bekamen bald zu spüren, daß das ungarische Regime viel barbarischer und gewalttätiger war als die chaotische Führerschaft der Ruthenen. Umgehend nach dem Machtwechsel waren wir der Unterdrückung ausgeliefert.
Hausierer Laizer brachte eine Hiobsbotschaft nach der anderen. Alle hörten zu. Er berichtete, daß in den größeren Ortschaften bereits jüdisches Vermögen konfisziert wurde, daß man Juden enteignete und ihnen die Handels- und Arbeitserlaubnis entzog. Viele jüdische Familien waren über Nacht brotlos geworden.
»Der Gott Abrahams wird bei uns sein«, flüsterte Onkel Schlomo. Sein Vertrauen war unerschütterlich.

Als wir wieder zu Ungarn kamen, mußten wir neue Pässe beschaffen. Statt eines tschechischen Passes brauchten wir nun umgehend einen ungarischen. Aber kaum einer hatte es geschafft, sich diese Papiere rechtzeitig zu besorgen. Das sollte uns zum Verhängnis werden.
Als die ungarischen Gendarmen nach dem Pessachfest 1941 in Nove Barovo ihre Willkür trieben, hatte kein Jude dort ungarische Papiere. Und so wurden wir alle ohne Ausnahme zur sogenannten »Umsiedlung« gezwungen.*
Innerhalb von vierundzwanzig Stunden.
»Die Reise geht nach Polen«, meinte Mutter. »Dort sollen uns andere Häuser zugewiesen werden.« Angst spiegelte sich in ihren Augen. Angst und Wut. Golde heulte. Mir war hundeelend.
Die Panik war groß.

Die gestiefelte ungarische Miliz schritt durch die Straßen: »Am Sabbatmorgen um sieben Uhr melden!« schrien sie in die Hauseingänge. Die frommen Männer sollten am »Tag des Herren« in aller Herrgottsfrüh einen Vertrag unterschreiben, Haus und Hof, Land und Wald und alles, was sie auch nur besaßen, »freiwillig« abtreten. Kein Chassid verläßt am Sabbat seine Stube, und die Schergen wußten nur allzugut, daß kein orthodoxer Jude am Sabbat die Feder aufs Papier setzt, geschweige denn einen Vertrag abschließt. Das verbietet die Halacha, die jüdische »Lebensrichtschnur« mit den 613 halachischen Gesetzen, die von den Weisen aus dem Talmud abgeleitet wurden.
Doch die ungarischen Gendarmen tobten und schrien: »Raus ihr Judenschweine«, beschimpften uns wüst und trieben uns wie Vieh aus den Häusern.
Mitnehmen sollten wir, so viel wir schleppen konnten, auch wenn der Fromme am Sabbat auf offener Straße keinerlei Gegenstände mit sich tragen und sein Weg nur zweitausend Schritte lang sein darf, denn nichts soll die Ruhe entweihen.
Grau vor Angst und von Scham gebeugt trafen wir uns auf dem kleinen Platz vor der Synagoge.
Stumm standen sie da: der Schneider Nachmann, der Händler Itzkovitz, der Kesselflicker, der Schmied, die Waldarbeiter und sämtliche arme Schlucker.

Onkel Schlomo beharrte auf seinem »Gott wird bei uns sein«, aber in seinen Augen stand bereits der Tod.
So setzte sich der endlose Treck mühsam in Bewegung: verheulte Kinder, müde alte Frauen, verzweifelte Männer, Mütter, Väter, alle ein Bündel auf dem Rücken und einen

schäbigen Koffer in der Hand. Über die Äcker und Weiden zum Bahnhof von Bustino. Sechs Kilometer weit. Mit schleppenden Schritten. Nur die Befehlsschreie der ungarischen Gendarmen hallten über die Felder. Schon bald gaben die ersten von uns auf. Ältere Männer und Frauen waren den Strapazen nicht gewachsen. Ihre Füße waren geschwollen, wund und blutig. Unterwegs ließen wir das meiste Gepäck zurück. Es war zu schwer.

Am Bahnhof in Bustino warteten bereits die Viehwaggons.
»Bleibt dicht bei mir«, sagte meine Mutter immer wieder. »Laßt euch nicht schubsen. Wir müssen fest zusammenstehen.«
Sie erkannte von Anfang an die Lage.
»So geht man nicht mit Menschen um«, wiederholte sie. »Das ist das Ende.«
In den stickigen Waggons konnten wir uns kaum umdrehen. Jegliche menschliche Würde war uns genommen.
»Ich will hier raus«, schrie eine asthmatische alte Frau. »Wo ist mein Sohn?« In der Panik, angetrieben von den Ungarn, hatten sich viele verloren.
Keiner wußte, wohin die Reise ging. Keiner ahnte, was bevorstand. Der Zug fuhr und fuhr. Die Fahrt schien endlos. Mutter hielt die heulende Golde eng an sich gezogen und flüsterte ihr leise Trost zu. Hinter den verschlossenen Waggonwänden sah ich durch einen Spalt das Karpatenland in seiner unberührten Stille vorbeiziehen. Es schnürte mir die Kehle zu: draußen die Natur in voller Blüte, der satte Frühsommer mit den wachsenden Früchten, prall in der Schale, mein geliebtes Land in seiner Pracht, die dunkle Kette des Waldgebirges. Und drinnen entmündigte,

dicht aneinander gedrängte Menschen, kreischende Kinder, verwirrte Alte einer unerträglichen Hitze und einem würgenden Gestank ausgeliefert.
Aus Erzählungen meines Onkels Schlomo – wie oft hat er uns mit seinem Witz und Wissen verzaubert – wußte ich, daß er des öfteren über diese Gebirgslinie von Ungarn nach Galizien, nach Wizsnitz an der Grenze der Bukowina, zu seinem Zaddik, dem Wunderrabbi, gereist war. »Es ist die schönste Eisenbahnstrecke der Welt«, hatte er begeistert gesagt.
Onkel Schlomo?
Wir hatten uns im Gewühl auf dem Bustinoer Bahnhof verloren. »Vielleicht fährt er in einem anderen Viehwaggon«, tröstete sich Mutter.
Der weise Onkel.
Diese Zugfahrt war die Reise ins Jenseits.
Alle schauten nach innen.

Meine Mutter war vierunddreißig Jahre alt, meine kleine Schwester zwölf und ich vierzehn.

In Zemir, der letzten ungarischen Station vor der galizischen Grenze, im trostlosen Niemandsland, hielt der Zug hechelnd an.
Tote, Verletzte, Kranke, weinende Kinder, verzweifelte Schwangere, völlig abwesende alte Menschen mit toten Augen fielen aus den widerlichen Waggons.
Aber es gab keine helfende Hand.
»Vorwärts!« Ungarische und ukrainische Miliz schrie über die Bahnsteige. Mit Stöcken und Peitschen trieb sie uns durch das winzige Nest über die Straßen, hinein in die Einöde zwischen Himmel und Erde.

»Unvorstellbar«, stöhnte Mutter leise. Sie war wie versteinert beim ersten Anblick dessen, was uns erwartete: Auf einem riesigen Feld harrten Tausende und Abertausende Juden bereits seit Tagen im Freien aus – eine schwarze Menschenmasse, von ungarischen Gendarmen bewacht. Verdreckt, verlaust, hungrig, verzweifelt und entwurzelt. Zusammengetrieben aus allen Ecken der Karpaten-Ukraine, wahllos aus ihren Dörfern und Städten verschleppt, dem Typhus, der Ruhr und einem unbeschreiblichen Schmutz ausgeliefert.

Reich und Arm, alle der Willkür preisgegeben. Menschen aus allen Schichten. Scheu und verstört, ihrer Würde beraubt.

Männer und Frauen prügelten sich um ein Stück Brot und stritten um einen Becher Wasser. Wir hatten kein Dach über dem Kopf, kein Licht, keine Decken, keine Schlafstelle. Das Chaos war unbeschreiblich. Und es kamen immer mehr Juden hinzu. Wir lebten schlimmer als die Tiere. Die besser situierten Stadtjuden starben wie die Fliegen. Sie waren anfällig und keine Strapazen gewohnt, wußten sich bei der Suche nach etwas zu essen und dem Wasserholen am Fluß nicht zu helfen und vertrugen das Bergwasser nicht. Wir, die mit dem Landleben und den Entbehrungen vertraut waren, kamen besser zurecht. Auch mit den Demütigungen konnten wir zumindest nach außen besser fertigwerden.

Keinem von uns durfte vor den ungarischen Bewachern auch nur ein Wort des Widerspruchs entfahren. Wer verdächtigt wurde, Fluchtgedanken zu hegen, dem wurde auf grausamste Weise gezeigt, was er zu erwarten hatte: Säuglinge, in jüdische Gebetstücher gewickelt, baumelten zur Warnung der Mütter und Väter an den Zweigen der Bäume. Es blieb nur lähmende Angst.

Wir hatten Glück im Unglück. Unsere Mutter war eine junge, gesunde und nüchtern denkende Frau.
»Wir müssen etwas unternehmen«, sagte sie. »Trotz allem müssen wir etwas unternehmen. Nichts ist schlimmer, als untätig zuzuschauen, bis wir alle vor die Hunde gehen.«
Bald würde es zu spät sein.
»Die Kinder sind groß genug, um betteln zu gehen, und selbständig genug, um wegzulaufen und sich zur Not allein zu helfen«, sagte sie ihrem Vetter Simon mit größter Eindringlichkeit.
Der schüttelte nur den Kopf. Er hörte nicht weiter zu. Auch Onkel Herschl, der in Zemir mit seiner fünfköpfigen Familie zu uns gestoßen war, ließ sich von meiner Mutter ebenfalls nicht zur Flucht überreden.
Keiner ließ sich von ihr überreden. Es sei zu gefährlich, meinten sie.
»Schlimmer kann es nicht kommen«, glaubten alle. Man hatte uns Juden belogen.
»Es ist die Vorstufe zur Hölle«, meinte Mutter, aber sie ließ keine Resignation zu. »Wir müssen etwas unternehmen«, sagte sie immer wieder.
Sie hat mir mit ihrer Energie das Leben gerettet.

Im Lager waren alle kopflos.
Die Juden, die vor uns angekommen waren, wurden bereits wieder über die Äcker und Felder nach Zemir zum Bahnhof getrieben, wo neue Viehwaggons zum Transport bereitstanden.

Meine Mutter glaubte, daß wir endgültig über die Gipfel nach Galizien abgeschoben werden sollten.
Wehmütig schaute sie über die Berge.
»Wo sind wir denn überhaupt?« wollte ich wissen. Sie blieb mir die Antwort schuldig.
Wie sollte die bescheidene jüdische Frau aus Nove Barovo, die ihr Leben lang über Bustino und Chust nicht hinausgekommen war, die komplizierten Strukturen dieser Region erklären können? Ihr waren nur manche Gegenden aus den blumenreichen Phantasien der frommen Männer aus dem Dorf bekannt, die schon mal über die Pässe gepilgert waren.
Auf den heutigen Landkarten der Ukraine scheint es den Ort Zemir, versteckt auf dem Czarnahora*, dem höchsten Gebirgszug in den Ostbeskiden, nicht mehr zu geben. Keiner kennt ihn. Oder hat sich nur wieder der Name geändert?
Das ruthenische Zemir wurde damals von den Ungarn einfach in Havasalja umgetauft, dann wieder in Laszczyna. Viele Orte wurden damals von den Ungarn willkürlich und so oft umbenannt, daß die Kartographen nicht mehr nachkamen. So nannten die Leute ihre Dörfer anders, als die Landkarten angaben. Oft kannten sie die neuen Namen nicht einmal. Ein heilloses Durcheinander.

»Paradiesisch schön war es früher in Zemir Anfang des Sommers«, erzählte Onkel Schlomo, den wir später nach unserer ersten Flucht über die Karpaten in Nove Barovo gesund wiedertrafen und dem wir von unseren Abenteuern erzählten. »Dann glühte auf den Bergen das Rot der Alpenrosen, und wir fuhren nach Wizsnitz«, schwärmte er.

Nach Wizsnitz fährt heute keiner mehr.
Wizsnitz ist erloschen, und die Karpaten sind nicht mehr die Heimat der Chassidim.

Vielleicht werden meine Enkel diese Landschaft irgendwann unbefangen erschließen können.
Sollte ich es hoffen?
Ich weiß es nicht.
Mutter behielt recht. Es gab auch für uns kein Entrinnen. Wir wurden in der Nacht von der Zemirer Alm gejagt und wieder in Viehwaggons gestopft. »Tragen wir das Gottvertrauen und die Demut in unserem Herzen«, sagte meine fromme Mutter, diese gläubige Jüdin, die um so stärker an eine mögliche Flucht und Rettung glaubte, je grausamer die Verfolgung wurde.
Ich sehe noch heute ihren Blick über die satte Sommerlandschaft der Karpaten schweifen. Sie war voller Kampfgeist. »Ob wir diese Gegend jemals wiedersehen?« fragte sie.
Wir konnten nicht wissen, daß wir dieses unheimliche Gebirge auf dem sogenannten Magyarenweg, der über das Massiv des Czarnahora und die Grenze zwischen Galizien und Ungarn führte, einmal heimlich erklettern würden. Auf der Flucht vor dem Tod.

Jetzt ging die Reise von Zemir nach Galizien*. Einfach über die Grenze. Dort waren wir Freiwild.
In einem feindlichen Land wurden wir, völlig mittellos, hungrig und ohne jede Kenntnis der Umgebung, einem neuen Schicksal ausgeliefert.
Deutsches, ungarisches und ukrainisches Militär war auf den Beinen, so weit man blicken konnte.

Schwach und ratlos zog die Karawane aus kranken und heruntergekommenen, ergrauten und verdreckten Männern, aus Frauen und Kindern an der polnischen Zivilbevölkerung vorbei. An polnischen Frauen und Müttern.
Mühsam schleppten wir uns über die verschlammten Wege auf der Suche nach einem Dorf oder einer Stadt.
Die Polen jagten uns von ihren Feldern, kleine Kinder wurden von Pferden zertrampelt, Peitschen pfiffen über unsere müden Köpfe. Sie waren mit Sensen hinter uns her.
Väter und Mütter mußten zusehen, wie ihre Kinder gequält, geschlagen und ermordet wurden. Nicht das Militär, sondern die Zivilbevölkerung schlug mit Stöcken, Spaten und Peitschen auf uns ein.
»Verschwindet«, schrien sie hinter uns her.
»Verschwindet sofort!«
»Warum sind die Leute so böse?« fragte meine kleine Schwester und klammerte sich verzweifelt an Mutters Hand. »Wie weit ist es noch?«
Mama antwortete nicht.
Daß die polnische Landbevölkerung unser Elend so ohne Mitleid mit ansah, schmerzte bis ins Mark.
Es gab keine Hilfe.
Nur Menschen mit kalten Augen.

IV

Sommer 1941
Irrweg durch Galizien

Unsere Unterwerfung hat zu nichts geführt.
Nie darf sich so etwas wiederholen.

Emmanuel Ringelblums

Wir traten den langen Trauermarsch ins Tal an. Am Tag und in der Nacht wanderten wir mit wunden Füßen: Mutter, Golde und ich, Vetter Simon und Familie, Onkel Herschl mit seinen Töchtern und Enkeln und viele, viele andere, die das letzte Bündelchen Hab und Gut auf den Schultern oder in der Hand trugen. Barfuß und hungrig kamen wir an galizischen Bauernsiedlungen vorbei, nach Delatyn, einem Kurstädtchen, wo früher die Juden Handel trieben, wo sie die Fiaker für die eleganten Kurgäste fuhren oder unter elenden Umständen in den Kleinbetrieben der Umgebung arbeiteten und als Schuster und Schneider wie fast überall in Galizien am Rande der Armutsgrenze lebten.

»Aber der Hund lebt ja auch«, wie die armen Juden resigniert zu sagen pflegten.

Delatyn war ein Städtchen mit freundlichen Villen, ein Bad, das die wohlhabenden Polen gerne besuchten.

Hier machten wir halt. Im Ghetto fanden wir ein Dach über dem Kopf, aber die kleinen ärmlichen Häuschen waren hoffnungslos überfüllt. Juden, die aus allen Himmelsrichtungen hierher gekommen waren, lagen dicht anein-

andergedrängt, es gab nichts zu essen, ansteckende Krankheiten grassierten, alte Leute und kleine Kinder starben auf der Straße.
Mutter schleppte Eimer mit Wasser die Straßen entlang, um uns Kindern wenigstens ein wenig zu trinken zu geben. Sie dachte nur an uns. Geduldig tröstete sie meine kleine Schwester, die unterwegs ihre Stoffpuppe verloren hatte. »Iljana macht dir eine neue«, sagte sie, wenn die Kleine wieder einmal weinte. Golde, das verwöhnte Nesthäkchen, die in Nove Barovo der Liebling der ganzen Nachbarschaft gewesen war, jammerte vor sich hin: »Ich will nach Hause. Wann gehen wir nach Hause?« Mama blieb stumm.
Und im Ghetto kamen immer mehr Juden hinzu. Die Situation war aussichtslos.
Wir zogen weiter nach Kolomea*. Für die 41 Kilometer brauchte die Eisenbahn damals knapp eineinhalb Stunden. Aber wir schleppten uns mit einer Schar erschöpfter Menschen zu Fuß bis in die Ebene. Und während wir wie geprügelte, magere Hunde über die Straßen zogen, genossen die polnischen Touristen vom Bahnhof des Städtchens Delatyn aus den wunderschönen Ausblick auf die Gebirgskette im Süden. Das Wetter war uns gnädig. Der Frühsommer war mild, hier in der freien Natur gab es Beeren und Pilze. Mutter fand immer etwas Eßbares. Aber wir waren Freiwild. Die polnischen Bauern trieben uns wie zuvor erbarmungslos von ihren Feldern, bedrohten uns mit allem, was sie in der Hand hielten, und jagten uns aus ihren Dörfern. Auf Pferden, mit Stöcken bewaffnet, ritten sie hinter uns her und prügelten auf uns ein. Wer nicht rechtzeitig weglaufen konnte, wurde von den Hufen der Pferde zertrampelt. Viele starben. Verletzte, Kranke und kleine Kin-

der blieben am Straßenrand und auf dem offenen Feld zurück.
»Schau hin, Yudka«, mahnte mich meine Mutter mit fester Stimme. »Schau hin, die Nachwelt braucht unser Gedächtnis.«
Dieses Gedächtnis.
Vierzig, fünfzig Jahre nach dem Inferno ist die Vergangenheit mir allgegenwärtig. Kein bizarrer Alptraum, sondern eine unbarmherzige Wirklichkeit, der ich nicht entfliehen kann. Ungeheuerliche Bilder, die mein Leben begleiten, verfolgen und zerstören.

In der galizischen Stadt Kolomea waren die Verhältnisse im Ghetto genauso erbärmlich wie in Delatyn. Doch nach all den Entbehrungen waren wir mehr als genügsam geworden. »Die Hauptsache ist, wir können uns hinlegen, etwas zu essen besorgen, und ich bekomme Arbeit«, Mutter war wie immer zupackend. Wir Kinder wurden bei einer jüdischen Familie untergebracht, und sie fand eine Stelle in der Sperber-Konditorei. Ein zwar ärmliches, aber halbwegs normales Leben. Golde lebte auf. Frau Silbermann, unsere Gastmutter, schenkte ihr bunte Stoffetzen, und als Mama abends abgekämpft nach Hause kam, lief Golde ihr ganz aufgeregt vor Freude entgegen: »Schau, Iljana wird staunen. Ist sie nicht schön?«, und sie zeigte ihr das selbstgebastelte Püppchen. Golde hatte ihren kindlichen Charme noch nicht ganz verloren.
Hat meine Mutter damals wirklich ernsthaft angenommen, wir würden ein wenig zur Ruhe kommen?
Ich kann es mir nicht vorstellen, denn die letzten Juden von Kolomea, die nicht im Ghetto lebten, wurden von der Straße weggeprügelt, sie wurden getreten und mißhan-

delt, aufgegriffen und deportiert. Jeden Tag gab es neue Progrome. Bald gab es in der ganzen Stadt außerhalb des Ghettos keinen einzigen Juden mehr.
Wir, die aus der Karpaten-Ukraine stammten, waren »ausgesetzt« oder »umgesiedelt«, wie man es nannte, und blieben vorerst Freiwild. Im Ghetto glaubten wir uns einigermaßen sicher, doch über Nacht wurden wir wieder auf die Straße getrieben, und wieder machten wir uns auf den Marsch, ohne zu wissen, wohin er uns noch führen würde.

Tante Sara, Onkel Herschls Frau, war im Delatyner Ghetto an den Entbehrungen und Strapazen gestorben, und meine Cousine Dina hatte auf dem Weg nach Kolomea eine Fehlgeburt erlitten. Sie blieb dort im Ghetto zurück.
Wir haben niemals mehr etwas von ihr gehört.

Wir lebten auf den Feldern und Äckern, ernährten uns von dem wenigen, was wir unterwegs heimlich mitnahmen, und schliefen unter freiem Himmel.
»Vielleicht finden wir eine Bleibe oder treffen auf andere Juden, die hier in der Gegend besser Bescheid wissen als wir«, sagte meine Mutter tröstend.
»Wo ist Dina?« wollte Golde immer wieder wissen. »Dina bekommt doch ein Kind, und wer sorgt jetzt für sie?« Golde ließ nicht locker, aber Mutter schwieg.
Wie viele Juden mit uns von Kolomea aus den Marsch antraten, weiß ich nicht mehr. Waren es fünfzig? Siebzig? Weniger oder mehr? Eine ganze Kolonne schleppte sich durch die Landschaft. Stumm und ziellos irrten wir wochenlang durch die Hölle.
Ukrainische Soldaten beobachteten uns, grinsten uns höh-

nisch an und begleiteten uns schließlich auf Schritt und Tritt. Sie erlaubten es uns nicht einmal mehr, am Rande eines kleinen Dorfes auszuruhen und um Wasser zu bitten. Sie hatten eindeutig ein bestimmtes Ziel.
»Weiterlaufen«, schrien sie und begannen sogar zu schießen.
»Was führen sie im Schilde?« wollte ich wissen. Mutter antwortete nicht. Ihr Mund war schmal und bitter. In ihren Augen stand Wut und Ohnmacht. Sie nahm meine kleine Schwester Golde und mich fest bei der Hand und versuchte, mit uns in der Mitte des Konvois zu bleiben, möglichst weit von der unberechenbar grausamen ukrainischen Miliz entfernt. Die meisten, die an den Seiten liefen, kaum ein paar Schritte von uns entfernt, wurden niedergeprügelt und tot oder verwundet einfach auf den Feldern zurückgelassen. Kleine Kinder und alte Leute gab es unter uns schon lange nicht mehr. Männer wurden von ihren Frauen und Kindern getrennt. Sie sahen einander nie wieder.

»Der Dnjestr kann nicht mehr weit sein«, meinte Lew Grosz. Der Schneidermeister aus Munkatsch hatte auf dem Marsch seine ganze Familie verloren und schloß sich in Kolomea unserer kleinen Gruppe an. Er kannte die Gegend, und der Dnjestr war ihm vertraut.
Lew hatte recht. Hinter der nächsten Siedlung lag plötzlich tief in der Schlucht der Fluß vor uns. Die hohen Ufer waren üppig bewachsen, Bäume hingen schräg über das Wasser. Wir konnten die Dörfer am anderen Ufer sehen, die weiten Felder und Wälder auf der anderen Seite.
»Warum hat man uns hierher getrieben?« Mutter betrach-

tete argwöhnisch die unberührte Landschaft. »Was zum Teufel geht hier vor?«
Immer mehr Juden kamen hinter uns an diesen Ort. Als wir uns, gehetzt von den Ukrainern, den bizarren Felsen und roten Sandsteinbrüchen des Flußufers näherten und unser zerlumpter, kümmerlicher Haufen auf die breite Brücke gestoßen wurde, erstarrten wir vor Entsetzen.
»Ist das nicht Vetter David?« fragte Onkel Herschl und zeigte auf das Ufer.
Am felsigen Hang des Flusses standen jüdische Arbeiter mit gelben Armbinden und klopften Steine, schaufelten Erde und bauten Schützengräben. »Wo ist Gott?« flüsterte meine Mutter. »Wie kann Gott das zulassen?«
Die Schwerstarbeit und der Hunger hatten die Menschen bis zur Unkenntlichkeit gezeichnet. Aus den hohlen Wangen schauten glanzlose Augen dem Tod entgegen.
Frauen suchten verzweifelt unter den erbärmlichen Gestalten ihre Männer, Kinder riefen nach ihren Vätern. Manche blickten auf und schienen uns wahrzunehmen, sogar zu erkennen.
»Was kann ich euch noch geben nach allem, was ihr mitgemacht und gesehen habt?« Meiner Mutter liefen Tränen über das Gesicht.
Eine einsame starke Frau mit zwei halbwüchsigen Töchtern.
Auf der anderen Seite der Brücke wimmelte es von Soldaten. Militärtransporter und schwerbewaffnete Truppen blockierten die Straßen. Einige Italiener und sogar ein paar Deutsche warfen uns von ihrem Lastwagen aus ein Stück Brot zu, den Männern Zigaretten.
Brosamen vom Tisch der Herrenmenschen.

In der Ferne lockte eine kleine Stadt.
»Es kann Capowce sein oder auch Potok«, sagte unser Schneidermeister aus Munkatsch. Aber die Ukrainer ließen uns nicht aus den Augen und drängten uns an die Straßenränder, die Schützengräben und den Fluß entlang. Kleine polnische Jungen bewarfen uns mit Steinen. Wir waren wehrlos, hoffnungslos eingekesselt zwischen dem Fluß und der hohen Schützengrabenmauer.
»Weiß der Teufel, warum«, murmelte meine Mutter immer wieder.
Bei Einbruch der Dunkelheit wurde die Menschenherde in eine Reihe gezwungen, vorwärtsgetrieben und über eine kleine Brücke in die Nacht gestoßen. »Warum wieder den Dnjestr überqueren?« Wir schauten uns fragend an. »Was meinst du?« fragte meine Mutter Lew Grosz. Ich spürte ihre Aufregung, ihre Angst. Waren wir nicht erst am Vormittag über die breite Brücke in die andere Richtung marschiert? Massen von Juden schoben sich wie geistesabwesend willenlos im schmalen Schützengraben vorwärts. Waren es zweitausend oder dreitausend? Waren es fünftausend?
Die endlose Schlange müder Menschen schwankte auf die kleine Brücke zu und verschwand in der trüben, dunklen Nacht. Wohin?
Meine Mutter bebte vor Zorn. Wie aus einer Betäubung erwacht, beschloß sie zu handeln. Sie flüsterte Onkel Herschl zu: »Ich bleibe mit den Kindern unten«, nahm uns bei der Hand, drängte uns zurück, weg von der unheimlichen Brücke, und drückte uns an die steilen Felsen am Ufer. Onkel Herschl, Mutters Cousine mit ihrer kleinen Tochter, Lew Grosz und einige andere Erwachsene folgten

uns. wir waren siebzehn. Mit dem Mut der Verzweiflung, mit blutigen Händen und Knien kletterten wir die Felswand hinauf, den Henkern davon, und erlangten die Freiheit.

Vollkommen erschöpft sahen wir, daß wir uns hier oben auf einem katholischen Friedhof befanden.

»Da drüben liegt Capowce oder Potok«, wiederholte Grosz. Dort wollten wir hin. Aber wir waren ausgepumpt, hungrig und müde, körperlich und seelisch am Ende. Hysterisch vor Angst.

Die dunkle Sommernacht lag über dem Friedhof. Keiner sprach ein Wort.

Wie Elias der Prophet, der Tröster in der Not und Fürsprecher vor Gott, als wäre es ein Traum, stiegen zehn bewaffnete Gestalten, darunter drei junge Juden und drei polnische Frauen, das Gewehr geschultert, aus den Gräbern. Partisanen.

Der Friedhof war ihr Versteck. Dort lebten sie im Zwiegespräch mit den Toten, verborgen hinter den steinernen Gräbern und in der kühlen Krypta der winzigen Kapelle. Für meine Mutter und uns Mädchen, für Onkel Herschl und Lew Grosz und für alle anderen war das, nach einer langen, langen Odyssee, der erste Hoffnungsschimmer. Vielleicht würden wir doch noch den Mördern entkommen.

Die Partisanen gewährten uns Unterschlupf. Durch das Hauptquartier in der Kleinstadt wurden sie mit Proviant, Gewehren und Munition versorgt. Sie teilten mit uns ihre Vorräte, gaben uns frische Kleider und ließen uns erst einmal zur Besinnung kommen.

Später haben wir erfahren, daß auf der verhängnisvollen Brücke ein Häuschen mit zwei kleinen Zimmern stand. Im ersten Raum mußte sich jeder ausziehen, im zweiten gab es eine Öffnung im Boden. Nacheinander wurde jeder einzelne gottergebene Jude in das Loch gestoßen und stürzte ins kalte, dunkle Wasser. Die Leichen sollen die Flußströmung des Dnjestr gestaut haben. Dieses Bild spukt noch immer durch meine Träume und weckt in mir Todesangst.

V

Kamenjitsch-Podolski
Die Todesfalle

Ich sterbe ruhig, aber nicht beruhigt, friedlich,
aber nicht befriedigt: ein Gläubiger und Glaubender,
kein Schuldner und Bittsteller, ein Liebhaber Gottes,
doch nicht sein blinder Amen-Sager.

Zvi Kolitz

Hieß es Zolotoj Potok oder Potok Zloty, das Städtchen unserer Rettung am anderen Ufer des Dnjestr?
Ich kann es nicht mehr genau sagen.
Die heutigen Landkarten verwirren nur und haben mit meinen Erinnerungen nichts mehr zu tun.
Meine Welt ist ausgelöscht. Der Zweite Weltkrieg hat dort, diesseits und jenseits meiner Karpaten, alles zerstört.

Vier Tage blieben wir dort. In Potok. Am fünften Tag beschlossen wir gemeinsam, nicht weiterzugehen, sondern dorthin zurück, woher wir gekommen waren. Wieder in die Karpaten-Ukraine, wieder nach Ungarn. »Auf der anderen Seite der galizischen Grenze habt ihr bessere Überlebenschancen«, sagten die Partisanen.
Das war richtig. Nach den ersten Razzien hatte sich die Lage in Ungarn vorerst entspannt.
»Laßt uns den Heimweg antreten«, meinte meine Mutter. Sie war guten Mutes.
Die Partisanen lotsten uns in der darauffolgenden Sabbatnacht mit kleinen Schiffen über den Dnjestr. Versehen mit Kontaktadressen von Leuten auf der anderen Seite des Flusses wollten wir uns durchschlagen.

Aber wir liefen buchstäblich den Deutschen in die Arme. Noch in derselben Nacht trieben die Schergen uns und unsere polnischen Helfer erneut über den Fluß. Wir Juden wurden in einen Transportwagen gepfercht. Die Partisanen wurden festgenommen.
Wir haben nie erfahren, was aus ihnen geworden ist.
Wie viele Tage haben wir wieder regungslos in einem Viehwagen ausgeharrt?
Ich weiß es nicht mehr.
Und wie lange sind wir anschließend in dem mit regungslosen Menschen vollgepfropften Lastwagen übers Land gefahren?
Ich weiß es nicht mehr.
Wir waren schon lange keine Menschen mehr.

Kamenjitsch-Podolski war das Ende.*
Die Todesfalle. Das Massengrab für die meisten von uns. Auf einem Acker vor der Stadt mit den herrlichen Weinbergen, die ehemals zum Polenreich gehörte, wurden wir zusammengeknüppelt. Das unendliche Feld hinter einem Holzbretterzaun war schwarz vor Menschen. Schwarz vor Juden.
Männer, Frauen, Kinder, Tausende und Abertausende. Anonyme Geschöpfe, jeder Identität beraubt, im Grunde schon tot.
Dazwischen die wüsten Henker: Ukrainer, die schreiend und mit Harken und Spaten schlagend, mit Stöcken und Peitschen die zahme Herde zusammentrieben.
»Ein Gewehr ist wohl zu schade für uns Juden«, meinte meine Mutter.
Die Menschen jammerten kaum. Nur eine Frau schrie mit

greller Stimme in den hellen Tag hinein, »daß der liebe Gott es hat haben hören können bis in den siebten Himmel«. Sie hatte wohl den Verstand verloren.
Ein Revolverschuß machte dem ein Ende.
Tausende von Menschen, machtlos ein paar Ukrainern, deutschen Soldaten und Offizieren, die laut »ihr Schweinehunde« schrien, ausgeliefert.
Ausgehobene Gräber, nackte, hilflose, verschämte Männer, Frauen mit Kindern auf dem Arm.
Ich kann und will es nicht mehr beschreiben.
Die pfeifenden Schüsse der Mörder sprengen noch heute meinen Schädel.

Mutter ging es jetzt um das nackte Leben. Sie drückte sich am Zaun entlang und brach ein Brett heraus. Es war der Mut der Verzweiflung. Einem Mann gelang mit seinem Töchterchen durch dasselbe Schlupfloch ebenfalls die Flucht. Er hieß Silberstein und seine kleine Tochter Herta. Ich glaube, das Mädchen hat den Holocaust überlebt und nach dem Krieg einen israelischen General geheiratet.

In Kamenjitsch-Podolski wurden alle Juden, denen nicht auf irgendeine Art die Flucht gelang, umgebracht. Die Menschen mußten sich nackt vor die Gräber stellen und wurden von den deutschen SS-Schergen, ukrainischen Kollaborateuren und ungarischen Offizieren mit Pistolen und Gewehren getötet. Dann warf man die Leichen in die Löcher und schaufelte sie mit Lehm zu. Augenzeugen haben berichtet, daß mancher Jude, während er hinabfiel, noch gelebt habe. Sie müssen in dem Grab noch tagelang

unter Bergen von Leichen gewimmert haben, bis sie endlich erstickt sind.
Später ist bekannt geworden, daß bis Ende August 1941 mehr als 18 000 Juden, fast alle aus der Karpaten-Ukraine deportiert, zunächst gezielt nach Ostgalizien gebracht wurden, um schließlich in Kamenjitsch-Podolski in der Ukraine zu sterben.
Etwa zweitausend Menschen konnten flüchten. Die meisten durch Bestechung. Als der damalige ungarische Innenminister Ferenc Keresztes-Fischer die Details dieses Massakers erfuhr, befahl er den sofortigen Stopp der Deportationen. Zu spät. Inzwischen waren fast alle umgebracht worden.

Wir hatten Glück. Wir gehörten zu den zweitausend Davongekommenen.

Heute, mehr als fünfzig Jahre nach dem Geschehen, liegt mein Gedächtnis immer noch wund und offen da. Es ist wie eine apokalyptische Botschaft. Von einer sinnlosen Grausamkeit und allgegenwärtig. Diese Schreckensbilder, die immer wieder wie ein Film in meinem Kopf vorbeiziehen, schienen mir manchmal unwirklich. Waren sie nicht doch eine traumatische Obsession, die wirre Phantasie einer Kranken?
Hatte ich das Ganze wirklich erlebt? Mit eigenen Augen gesehen?

Ich habe diesem Abgrund in die Augen geschaut. Schwarz auf weiß steht es auf meine Stirn gebrannt. Und mit der Qual der Erinnerungen muß ich leben.

VI

Über die Gipfel der Karpaten zurück nach Nove Barovo

Ich bin nicht zurückgekehrt. Ich bin um die Welt geirrt, stets bewußt, daß die Flucht sinnlos war: alle Wege führen zurück zu meinem Haus. Es ist auf dieser brodelnden Welt der einzige Fixpunkt.

Elie Wiesel

Nachdem wir uns durch den Zaun gerettet hatten, versteckten wir uns zunächst erschöpft hinter Büschen. Bis es Nacht wurde.

Jetzt waren wir nur noch zu dritt: meine Mutter, Golde und ich.

Wir befanden uns ohne ortskundige Begleitung inmitten einer feindlichen Welt, in einer Landschaft, die meine Mutter nur aus Erzählungen ihrer chassidischen Verwandtschaft kannte und niemals ernsthaft auf einer Landkarte angeschaut hatte.

»Wohin sollen wir gehen?« fragte ich mit kleinlauter Stimme.

»Wieder über den Dnjestr zurück und dann nach Nadworna«, meinte Mutter entschlossen. Sie war nicht zu erschüttern.

»Das ist nah bei der ungarischen Grenze. Da sind wir fast zu Hause.«

Von Nadworna aus, dem etwa 500 Meter hoch gelegenen Städtchen, führte über den Pantyr-Paß ein schmaler Pfad nach Ungarn.

»Onkel Schlomo hat immer behauptet, man müsse sich dort schon sehr auskennen: Also kann es nur ein idealer Fluchtweg sein.«

Das war unser Ziel.

Mutter war zuversichtlich. Aber vorerst tasteten wir uns wie blind durch das bedrohliche Labyrinth dieser fremden Gegend.
Es war Sommer. In den Wäldern gab es Beeren und Pilze, auf den Feldern Kartoffeln und Gemüse. Die Dörfer waren von Ukrainern und Deutschen umzingelt. Dort trauten wir uns nicht hin. So pirschten wir tagelang, ja wochenlang durch die Gegend in der Hoffnung, irgendwo den finsteren Dnjestr überqueren zu können, auf Gleichgesinnte zu stoßen und so die Richtung nach Hause zu finden.
Meine kleine Schwester hielt uns am Leben. Mit ihren blonden Engelshaaren und blauen Augen sah sie gar nicht jüdisch aus. Sie bettelte bei den polnischen Bauern, besorgte Milch und Brot, mal ein Stückchen Fleisch oder Fisch und erkundigte sich bei den Einheimischen geschickt nach dem Weg.

Zwölf Jahre war sie alt und bildhübsch.

So erreichten wir den schicksalsträchtigen Fluß. Schauer liefen mir über den Rücken. War er nicht unser Verhängnis? Eine dunkle Kloake voller Leichen, Massengrab unzähliger ahnungsloser Menschen, elendes schweigendes Wasser. Für immer besudelt.
»Ist das nicht Moishe?« fragte Golde unverhofft. Tatsächlich. Am Ufer des Flusses trafen wir den siebzehnjährigen Neffen meiner Mutter. Er versuchte ebenfalls, über den Dnjestr zu kommen. Vergebens. Die Soldaten waren überall. Und da er aussah wie ein typischer Jude, hatte er große Angst.
»Wir marschieren einfach über die Brücke, als ob nichts ist. Du kommst mit Abstand nach.« So machte Mutter ihm Mut. Wir haben es gewagt und auch geschafft. Die Solda-

ten haben uns nicht einmal angeschaut. Sie waren wohl zu sehr mit sich selbst beschäftigt.
Nun waren wir zu viert. Weiter ging es über Straßen und Felder, bis wir Nadworna erreichten, wo die mächtige Gebirgskette der Karpaten, bis zu 2035 Meter hoch, die Hänge von ewigem Schnee bedeckt, die beiden Nachbarländer Galizien und Ungarn beherrscht. Diese Landschaft ist unheimlich und unwirtlich, aber gerade weil sie so undurchdringlich ist, bot sie uns Flüchtlingen Schutz. Das wußte Mutter.
In Nadworna trafen wir mehrere Juden. Sie waren wie wir auf der Flucht und versuchten die Karpaten zu erreichen, um über die Berge zurück in das eigene Dorf zu gelangen. In den hochgelegenen Bergdörfern steckten wohlwollende Polen uns etwas Essen zu. Die Felder waren bestellt, und wir lebten tagelang von Rüben, Kartoffeln, Zwiebeln und Möhren. Wir wußten, daß die Heimat nicht mehr weit war. Aber wo war die Grenze? Wo standen die Wachposten? Überall lauerte der Feind. Das Klettern durch das wild wuchernde Gesträuch und die Latschenhölzer war nicht nur sehr anstrengend, sondern auch gefährlich. Jeder wußte, daß eigentlich eine Generalstabskarte unerläßlich war, wenn man die Orientierung hier im Hochgebirge nicht verlieren wollte. Die Huzulen, das einheimische Bergvolk, das mit jeder Alm vertraut war, begleiteten hin und wieder als Bergführer die Reisenden. Aber unsere kleine Gruppe fand keine solche Hilfe, wir waren auf uns selbst gestellt und kannten uns hier überhaupt nicht aus. Und immer wieder stießen neue Flüchtlinge zu uns. Menschen mit demselben Schicksal wie wir, müde und graue Gestalten, denen die unmenschlichen Strapazen der letzten Monate ins Gesicht

gebeizt waren, nur noch getrieben von der verbissenen Hoffnung, die letzte Hürde zu nehmen.

Dann kam Aron.

Er kannte die Karpaten wie seine Westentasche. Der jüdische Landwirt hatte vor seiner »Umsiedlung« einen Bauernhof auf der ungarischen Seite der Gebirgskette betrieben und zahlreiche Schafherden geführt, er kannte jede Almhütte und jeden Bergweg.
»Aber wie wir unbemerkt an den Grenzposten vorbeikommen sollen, weiß ich auch nicht«, sagte er.
So blieb der Wald eine ganze Zeit unser Versteck und unser Gotteshaus.
»Wir haben unser Leben gerettet«, beteuerte meine Mutter. »Wir werden auch unsere Freiheit finden.«

Dann blieb sie plötzlich stehen, zu keiner Bewegung mehr fähig.
Aus dem Dickicht traten drei bewaffnete Männer hervor.
»Stehenbleiben«, schrie eine schneidende Stimme.
Golde heulte hysterisch los. Aron duckte sich hinter einem Baum und zog Moishe an sich.
Es waren Partisanen.
Meine Mutter brach kraftlos in sich zusammen. Die Anspannung war zu groß.
Die Untergrundkämpfer versorgten uns mit Proviant und warmen Kleidern. Trotz des Sommers war es im Hochland der Karpaten bitter kalt. Die Schneeschmelze der Bergflüsse war eisig, und ich litt vom Durchwaten des wilden Wassers an schlimmen Durchblutungsstörungen. Mutter machte sich große Sorgen.

Die Partisanen waren über die politische Lage voll im Bilde, wußten, wo sich die ungarischen Grenzer aufhielten und wann und wo Wache geschoben wurde. Sie versprachen, uns bis zur Grenze zu begleiten.
Die Spannung war unerträglich. Jeder von uns wußte, was auf dem Spiel stand. Tagelang hielten wir uns bewegungslos, mucksmäuschenstill in den Wäldern versteckt, bis endlich das erlösende Zeichen kam. Und wir haben es geschafft. »Nach Hause«, jubelte meine kleine Schwester Golde wie von einer Lähmung erlöst. »Zu Iljana und Onkel Schlomo!« Mutter lachte freundlich, aber ihre Augen schauten nachdenklich. »Onkel Schlomo wird nicht mehr da sein, Kind«, sagte sie.

Auf dem Weg über die Grenze wurde Aron unser Führer. Die Stimmung war euphorisch. Die Sonne schien über die grünweichen Almen, und der Sommer wärmte die dichten Buchen- und Eichenwälder. Es duftete nach Pilzen und Moos. Wir würden tatsächlich nach Hause kommen.
Ich konnte es kaum glauben. Überall trafen wir erschöpfte, aber hoffnungsfrohe Flüchtlinge. Die Juden, die mit uns die steilen Berghänge hinauf- und hinunterkletterten, verschneite Schluchten und rauhe Wildwasser durchquerten, stammten fast ausnahmslos aus unserer Gegend. Sie waren alle im Frühsommer von den ungarischen Gendarmen aus ihren Dörfern verjagt und in Galizien ausgesetzt worden. Die Freude, den Mördern entkommen zu sein, war unbändig, aber in ihren Augen spiegelte sich auch die bittere Scham über die Grausamkeit der Henker und die stummen Schreie der Opfer.
Die Hypothek der Zeugen.

Golde entdeckte im Gestrüpp einen verschüchterten Jungen. Er war zerlumpt und abgemagert und völlig auf sich allein gestellt. Wir erkannten ihn nicht. »Ignatz!« sagte meine Mutter nach einer ganzen Weile. »Bist du es?«
Er war tatsächlich Ignatz Kaufman, ein Sohn des jüngsten Bruders meines Vaters.
Nun waren wir zu fünft: wir drei, mein siebzehnjähriger Cousin und Ignatz.
Meine Mutter wußte, daß in Nove Barovo keiner auf uns warten würde. »Wer sollte schon zurückgeblieben sein?« Sie hatte keine Hoffnung, dort Verwandte oder alte Freunde anzutreffen.
»Aber der ruthenische Schuldirektor Tjatschewskij ist doch erst vor kurzem mit seiner Familie nach Apsche in den Karpaten gezogen«, sagte ich vorsichtig. Mutter hatte den Lehrer in der Zeit, als er bei uns im Dorf in der Volksschule unterrichtete, immer liebevoll bekocht.
»Du hast recht, und ich bin überzeugt, daß er uns schon nicht anzeigen wird«, antwortete sie.
Und so war es auch. Nachdem Mutter seine Adresse ausfindig gemacht hatte, ließ sie uns im sicheren Wald zurück und suchte ihn auf. Beim Einbruch der Dunkelheit zogen wir alle zu ihm ins Haus. Jura und Olga Tjatschewskij gaben uns zu essen, sorgten für frische Wäsche und etwas Geld.
»Soll die Reise weiter nach Hause führen?« fragten sie.
»Was erwartet uns da?« fragte meine Mutter zurück. Betreten und stumm blickten die braven Leute zur Seite. Sie wußten alles. Nur wenige Juden hatten in die unwirtlichen Berge und Wälder der Karpaten flüchten können, sich dort versteckt gehalten oder gegen Geld bei gutmütigen oder auch geschäftstüchtigen Ruthenen Unterschlupf gefun-

den. Manche Juden, die über »richtige« Papiere verfügten, hatten zwar vorerst im Dorf bleiben dürfen, doch wenn sie Pech hatten und den ungarischen Gendarmen nicht gefielen, wurden sie ebenfalls abtransportiert und den Schergen ausgeliefert. Als zwei Wochen nach den ersten Deportationen aus Budapest von höheren Stellen der Befehl gegeben wurde, die Deportationen zu stoppen und die Juden wieder in ihre Dörfer zurückgehen zu lassen, war es schon zu spät. Nach Bustino und in die kleinen Ortschaften der Umgebung kamen nur eine Handvoll Menschen, die noch nicht bis nach Galizien gebracht worden waren. Die »Umsiedlung« war genauestens organisiert und zynisch perfekt durchgeführt worden. Wer nach Galizien kam, und das waren fast alle, wurde dort umgebracht. Die ukrainischen und ungarischen Kollaborateure hatten hundertprozentige Arbeit geleistet. Sie quälten, mißhandelten und ermordeten ihre jüdischen Nachbarn, mit denen sie Jahrzehnte, ja Jahrhunderte lang friedlich zusammengelebt hatten, auf grausame Weise. Die karpaten-ukrainischen Dörfer waren jetzt so gut wie »judenrein«, und die lebendige chassidische Welt war fast vollständig vernichtet.

Niedergeschlagen trat meine Mutter mit uns den Heimweg an. In Apsche nahmen wir den Zug nach Bustino, wo meine Mutter mehrere Leute kannte. Auch Nicht-Juden. Dort erfuhren wir dann von einer Cousine meiner Mutter, der ebenfalls die Flucht über die Karpaten gelungen war, daß Onkel Schlomo, der älteste Bruder meines Vaters, dessen Sohn Moishe wir mit nach Hause brachten, wieder in Nove Barovo sei. Er hatte sich inzwischen für viel Geld die

ungarische Staatsbürgerschaft verschafft. Onkel Schlomo lebte!
»Onkel Schlomo lebt!« Wir konnten es nicht oft genug wiederholen.
Die Nachricht, daß außer uns wenigstens einer von der Familie überlebt hatte und nun wieder in unserem Dorf wohnte, beflügelte meine Mutter sehr.
Noch in derselben Nacht sind wir die sechs Kilometer von Bustino nach Hause gelaufen.
Wir waren der Hölle entkommen.
Vorerst.

Die meisten jüdischen Bürger Nove Barovos liegen in den Massengräbern von Kamenjitsch-Podolski, im Flußbett des Dnjestr oder irgendwo unter den Äckern und Feldern Ostgaliziens, von Pferden zertreten, von Menschen totgeprügelt oder vor Hunger und Elend umgekommen.

»Kind«, sagte der weißbärtige Onkel, »ich habe nicht mehr geglaubt, dich jemals wiederzusehen.« Er nahm uns auf, aber wir wußten, daß er uns nicht helfen konnte. Wir brauchten ungarische Pässe, aber sie zu besorgen würde Monate dauern.
»Bis dahin solltet ihr euch besser verstecken«, sagte er und nahm dabei zaghaft Mutters Hand.

Ich war vierzehn Jahre alt. Fast über Nacht vom Mädchen zur Frau gereift. Erbarmungslos. Die Demütigungen der Flucht hatten sich für alle Zeiten in meine Seele eingebrannt.
Für mich gab es kein richtiges Zuhause mehr.

VII

Ende 1941 – Frühjahr 1944
Budapest

Als wir endlich aus dem Ghetto in die Welt traten, geschah uns von innen her Schlimmeres, als uns je von außen geschehen war: in das Urfundament, die einzigartige Einheit von Volk und Religion, war ein tiefer Riß gekommen. Er ist seither immer tiefer geworden.

Martin Buber

Onkel Schlomo und meine Mutter beschlossen, daß wir nach Budapest gehen sollten. Budapest war eine Großstadt, das Leben dort anonym, außerdem würde Mama dort leichter Arbeit finden.

»Du kannst mit den Kindern vorläufig bei uns wohnen«, sagte Iljana spontan, unsere Nachbarin und Mutters beste Freundin. So wohnten wir vorübergehend in ihrer ruthenischen Bauernkate oberhalb der katholischen Kirche. Um etwas Geld zu haben und die Reise nach Budapest zu ermöglichen, überschrieb meine Mutter Iljana ihr kleines Waldgrundstück. Dafür bekam sie eine Handvoll Münzen. Ein Almosen für ein zerstörtes Leben.

Wie muß es meiner Mutter zumute gewesen sein? Die Großstadt war ihr fremd, die Natur und die Bescheidenheit der Dörfer, die religiös-mystische Welt ihres Schtetls, der tröstende hebräische Singsang ihrer Väter und Großväter waren ihre Welt, ihr Halt und ihre Sicherheit. Gründete hier, trotz allem, die Quelle ihrer Kraft?

Ich nahm Abschied von meiner Schulfreundin Anna Tolvay. Mit ihren großen blauen Augen schaute sie mich wortlos an. Alles war gesagt. Man hatte uns die Kindheit ge-

stohlen, die Unbefangenheit der Jugend, das schallende Lachen, die ganz ursprüngliche Lebensfreude.
Auf den Feldern wurde bereits Mais geerntet, die goldenen Kürbisse hingen schwer bis auf die fette Erde, und die Kartoffeln warteten in den Körben auf den langen Winter. Die dunklen Trauben reiften in den Vorgärten zwischen den ocker und blau gestrichenen Holzhäusern. Bald war Weinlese, und die Bauern würden wieder ihre Flaschen füllen. Die Gänse schaukelten über die Lehmstraße. Mutter schnürte uns das letzte Bündelchen Hab und Gut auf den Rücken, und wir zogen über die Äcker in Richtung Bustino. Zum Bahnhof. Der Turm der griechisch-katholischen Kirche von Nove Barovo erhob sich am Horizont, und in dem milden Herbstlicht zeichneten sich die Schatten der Karpaten sanft ab. Melancholie?
Irgendwo am Hang ahnte ich den jüdischen Friedhof. Er lag friedlich versteckt oberhalb des christlichen Friedhofs, mit fürstlichem Blick über das ganze Tal. Wie oft haben wir Kinder uns dort gegen alle Verbote versteckt. Wie oft habe ich mit Mutter Steinchen auf die Gräber verstorbener Verwandter gelegt, in pietätvollem Andenken. Sollte hier jemals noch einer von uns begraben werden?
Ahnte ich, daß das Unkraut bereits über die Gräber wucherte?
Waren wir nicht schon längst gestorben?
Abgestürzt ins Nichts. Vergessen.

Herbst 1941. Krieg. Ungarische, deutsche und ukrainische Soldaten waren auf den Beinen. Militärkonvois blockierten die Straßen, ständig wurden die Papiere kontrolliert. Aber wir kamen heil nach Budapest. »Dort ist die jüdische

Gemeinde noch völlig intakt«, ermutigte uns noch vor der Abreise Onkel Schlomo, und die Augen des weisen alten Mannes blinzelten bei dem Gedanken vor Freude. Wir würden ein neues Leben beginnen.

Verwandte und Bekannte, deren Adressen wir gesammelt hatten, würden uns helfen. Wir waren voller Hoffnung und Vertrauen. Ein Leben ohne Furcht und Flucht, ohne Elend.
Aber es kam ganz anders.

Nach unserer aufregenden Zugreise von Bustino nach Budapest, die über zehn Stunden dauerte, stellten wir uns in der Hauptstadt bei der jüdischen Gemeinde vor und besorgten das Nötigste: Lebensmittelmarken und eine vorläufige Unterkunft. Meine Mutter wollte Arbeit suchen und für uns drei eine kleine Wohnung besorgen.
»Aber jetzt müssen wir die Stadt entdecken«, drängte sie gut gelaunt, und wir waren überwältigt: diese prunkvollen Häuser, das pulsierende Stadtleben, die gemächlich an den Palästen vorbeifließende Donau, die sieben Brücken, die die beiden Stadtteile so majestätisch verbinden, die Bibliothek und die ganze beschwingte Atmosphäre. Wie sollten wir das alles auf einmal verarbeiten?
Zutiefst beeindruckt standen wir vor der imposanten Synagoge, dem Rabbinerseminar, der Thoraschule, den jüdischen Altenheimen und Krankenhäusern. Dieser Überfluß, er war uns fremd.
Wir fanden uns nur schwer zurecht.
»Wir sollten Lea Schwarz aufsuchen«, bestimmte Mutter. »Sie wird uns helfen.« Die entfernte Cousine meiner Mut-

ter wohnte in einem vornehmen Anwesen, nicht weit vom Budapester Zentrum entfernt. Der gute Onkel Schlomo hatte uns die Adresse gegeben und uns einen Besuch dort eindringlich empfohlen. Aber man öffnete uns nicht. Auch nicht nach dreimaligem Läuten. Jemand muß zu Hause gewesen sein, denn das Licht brannte, und wir hörten Stimmen. Hielten sie uns für Bettler oder Zigeuner? Mutlos und enttäuscht fuhren wir wieder in die Stadt. Beim zweiten Versuch machte zwar das Hausmädchen auf, und meine Mutter hinterließ die Nachricht, Ester Herz aus den Karpaten sei mit den Kindern Yudka und Golde nach Budapest geflüchtet, und wir hätten Schreckliches mitgemacht.

Aber wir hörten nichts von ihnen.

Wir waren die Aussätzigen, die armen Schlucker aus Osteuropa. Unsere Geschichte, dieses Schauermärchen, wollte keiner hören.

In Budapest war die übergroße Mehrheit der Juden vollkommen assimiliert. Wir armen Ostjuden führten ein ganz anderes jüdisches Leben. Die Budapester Juden fühlten sich als ungarische Bürger. Die jüdische Oberschicht, aristokratische Bankiers und Großindustrielle, war oft sogar konvertiert und hatte großen Einfluß in den kulturellen, akademischen, wirtschaftlichen und politischen Kreisen Ungarns.* Die Chassidim aus dem fernen europäischen Osten waren ihnen suspekt. Wir hörten, daß vor uns bereits andere Ostjuden die Flucht in die Hauptstadt Ungarns geschafft hatten, aber ebenfalls nicht willkommen waren. Wir fanden nicht zueinander.

Über die jüdische Mensa in Budapest knüpfte Mutter

schließlich die ersten Kontakte. Wir hatten weder ein Dach über dem Kopf, noch hatte Mutter eine Arbeit. »Ihr beiden Mädchen solltet eigentlich wieder in die Schule«, meinte sie besorgt. Durch Vermittlung der orthodoxen Gemeinde bekamen wir Zimmer bei einer jüdischen Familie. Als Gegenleistung versorgte meine Mutter den Haushalt der drei berufstätigen Frauen und des Hausherrn. Die Wohnung war geräumig. Zwei weitere Zimmer waren an zwei junge Juden vermietet. Beide Männer leben noch. Einer, Moishe Müller, stammt wie wir aus der Karpaten-Ukraine, aus der Hauptstadt Uzgorod. Er ist heute Kantor an der Synagoge in Quebec.

Jetzt waren wir wenigstens untergebracht, und Mutter konnte sich nun nach einer vernünftigen Arbeit umsehen. Und sie hatte Glück.

Die Geschäftsführerin einer großen jüdischen Strickfabrik stellte meine Mutter in ihrem Haushalt ein.

»Nun können wir aber nicht mehr zusammenbleiben«, sagte Mama.

Ich fühlte mich mehr als niedergeschlagen, doch ich wußte, daß es keine andere Lösung gab. Mutter trug am schwersten an der Entscheidung, denn wir Kinder waren das einzige, was ihr blieb.

Adoptionsangebote von reichen jüdischen Familien hatte sie immer wieder energisch abgelehnt, aber wir mußten schließlich irgendwo bleiben. Sie entschied, Golde bei einer kinderlosen orthodoxen Familie in der Okacvogasse unterzubringen, nicht weit von Mutters Arbeitsstelle entfernt. Für mich suchte sie ein Heim. Sie sprach im Büro des American Jewish Joint Distribution Committee (JDC) vor. Bereits 1914 hatten amerikanische und auch deutsche Juden dieses Hilfsbüro mit dem Ziel gegründet, armen Juden im Osten Europas sowie in den Staaten zu helfen. Die Gründer hatten nie die Absicht gehabt, daß diese Organisation auf Dauer tätig sein sollte, aber während der schweren Wirtschaftskrise der dreißiger Jahre wurde ihre Hilfe dringend gebraucht, vor allem auch, weil die Situation der Ostjuden immer desolater wurde. Nach Hitlers Machtergreifung im Jahre 1933 konzentrierte sich die Organisation besonders auf die Flüchtlinge aus Deutschland und Osteuropa, auf den Erhalt der jüdischen Gemeinden in Mitteleuropa und auf die furchtbare wirtschaftliche und soziale Lage der osteuropäischen Juden. Auch in Budapest gab es ein »Joint«-Büro. Dort konnte man finanzielle Unterstützung bekommen oder um Vermittlung einer Arbeitsstelle, einer Wohnung oder eines Schulplatzes bitten. Der Leiter des Büros, Dr. Hausner, mochte uns auf Anhieb. »Ich besorge Yudka einen Platz in einem erstklassigen jüdischen Mädchenpensionat«, versprach er, und er hielt Wort.

Das streng orthodoxe Heim in der Joseph-Karn-Straße 31 konnte insgesamt fünfundfünfzig Mädchen aufnehmen. Wir schliefen zu sechst in einem Zimmer. Im Wohnheim wurde gegessen, Hausarbeit gemacht und geschlafen. Die Ausbildung bekamen wir außerhalb. Fast alle Mädchen stammten aus der Nähe von Budapest. Die jüdischen Eltern legten großen Wert auf eine vernünftige Ausbildung, Disziplin, Ordnung und Gediegenheit. Das Schulheim war sehr begehrt, und ohne Beziehungen hätte man meine Bitte um Aufnahme ignoriert. Diese behütete Bleibe war teuer, und meine Mutter besaß keinen roten Heller. Ich konn-

te mich also glücklich preisen, daß sich das »Joint«-Büro für mich einsetzte.
Ich war fast fünfzehn Jahre alt.
»Du wirst dich ganz bald wohl bei uns fühlen«, die Direktorin lachte und beruhigte meine besorgte Mutter. Lelu Rosenberg war eine kinderlose, sensible orthodoxe Frau. Ich mochte sie sehr. »Ich werde dich verwöhnen wie meine eigene kleine Tochter«, sagte sie, drückte mich fest an sich und nahm mir so die ersten Hemmungen.
Nur sie wußte, wer ich war und woher ich kam.
Doch trotz der liebevollen Betreuung fiel mir die Eingewöhnung schwer. Ich sprach kein Wort Ungarisch, denn ich war in der tschechischen Karpaten-Ukraine aufgewachsen und in Nove Barovo und Chust in die tschechische und ruthenische Schule gegangen. Da meine Papiere nicht in Ordnung waren (die »Joint«-Leute hatten mich unter falschem Namen angemeldet und mich der Obhut der Direktorin anvertraut, deren Verschwiegenheit sie sicher sein konnten) und da ich die Sprache nicht verstand, konnte man mich nicht an einer Budapester Schule anmelden.
Die Pensionatsregeln waren streng. Um sechs Uhr dreißig wurden wir geweckt und sprachen unsere Gebete. Nach dem Frühstück räumten wir auf, machten das Bett und lüfteten die Zimmer. Dann gingen wir zur Schule oder zur Arbeit. Viele Internatsschülerinnen waren älter als ich, und alle waren vermögender. Ich hatte nur ein einziges Kleidchen zum Anziehen, jeder konnte sehen, wie arm ich war. Trotzdem dauerte es nicht lange, da wetteiferten die meisten Mädchen mit mir um die liebevolle Fürsorge von Lelu Rosenberg. Sie waren eifersüchtig. Unter diesen Spannun-

gen litt ich, aber ich konnte nichts dagegen tun. Die Direktorin meinte es nur gut mit mir, und die anderen konnten nicht wissen, warum sie mich besonders beschützen und verwöhnen wollte. Frau Rosenberg war eine strenge, aber warmherzige Frau, im Gegensatz zu der Heimleiterin Tswie Grünberger, der Tochter eines Rabbiners. Diese war reservierter. Nach dem Krieg hat sie einen Rabbiner geheiratet. Sie wohnt heute in Basel. Ich habe all die Jahre nicht gewußt, daß sie überlebt hat. Anläßlich einer Einladung, ich glaube, es war eine Bar Mitswa in Zürich, erzählte jemand am Tisch eine Geschichte von einer Tswie aus Budapest, die dort ein Mädchenpensionat geführt hätte. So habe ich vor etwa fünfzehn Jahren wieder Kontakt zu ihr aufgenommen. Wie das Leben so spielt.

Von den fünfundfünfzig Mädchen haben nur fünf die Nazizeit überlebt.

Nachdem ich mich einigermaßen eingelebt hatte, besorgte mir die Direktorin einen Sprachlehrer. So verbrachte ich Wochen, ja Monate in der Einsamkeit des Heimes und paukte eisern Tag für Tag die ungarische Sprache. Auf die fröhlichen Stimmen und das vertraute Gekicher der anderen Mädchen mußte ich bis in die späten Abendstunden verzichten.
Irgendwann war die Heimleiterin der Meinung, ich könne bei einer jüdischen Familie eine Lehrstelle annehmen. Sie brachte mich bei einer Schneiderin unter. Das war 1942. Meine damalige Chefin, ich habe leider ihren Namen vergessen, versorgte mit ihrem eleganten Modeatelier eine vornehme jüdische Klientel. Bei meiner letzten Reise nach

Budapest habe ich mit meiner Tochter Natasha und meinem Schwiegersohn Louis die vertrauten Straßenecken des Viertels aufgesucht. Es ist alles noch da, wie früher, die stattlichen Häuser, die Großstadtatmosphäre, der leicht morbide osteuropäische Charme. Meine Kinder staunten, woran ich mich alles erinnern konnte. Ich habe ihnen sogar gezeigt, wo ich damals ein Kleid ausgeliefert hatte. Ich weiß alles noch ganz genau. Meine Chefin drängte mich immer: »Yudka, mache du das. Bring du der Dame das Kleid. Es gibt bestimmt ein fürstliches Trinkgeld!« Sie meinte es nur gut mit mir. Aber diese Botengänge mit einem kostbaren Kleid über dem Arm waren mir ein Greuel. Ich beherrschte nach wie vor die Sprache nicht richtig und hatte ständig Angst, angesprochen zu werden, Rede und Antwort stehen zu müssen.
Am Anfang habe ich mich taubstumm gestellt und mit Zettelchen operiert.
Wie meine Mutter und meine Schwester hatte ich panische Angst, kontrolliert zu werden. Wir fürchteten, daß man uns auf der Stelle nach Polen zurückschicken würde. Heimisch, selbstsicher und unbefangen wurde ich erst, als mir die Sprache etwas vertrauter wurde.

So zog die Zeit ins Land. Mutter ging Tag für Tag ihrer Arbeit nach und wußte uns Kinder gut versorgt.
Wir gewöhnten uns allmählich an das hektische Großstadtleben, an die Menschen und an unsere Situation.
Aber wir blieben Treibholz, Außenseiter voller Heimweh und Sehnsucht nach Normalität.
»Wann können wir nach Nove Barovo zurückkehren?« fragte ich eines Tages meine Mutter. »Wir leben jetzt hier«,

antwortete sie, und der Ton, in dem sie das sagte, ließ keinen Widerspruch zu. »Wir werden weiter das Beste daraus machen.«

Ich habe nie mehr mit ihr von der Rückkehr gesprochen. Für sie war dieses Leben besonders schwer, um nicht zu sagen unerträglich. Sie sprach zwar ungarisch, aber der Akzent der Karpaten-Ukraine war unüberhörbar. Es machte sie schwermütig, von uns getrennt leben zu müssen. Sie war einsam, nur auf sich gestellt, ohne den Schutz und den Trost eines Partners. Doch darüber verlor sie nie ein einziges Wort.

Auch Golde fühlte sich nicht wohl. Sie war erst zwölfeinhalb Jahre alt und hatte Heimweh. Die Strapazen der Flucht hatten aus ihr ein nervöses, verschrecktes Wesen gemacht. Sie brach bei jeder Kleinigkeit in Tränen aus. Das machte meiner Mutter große Sorgen.

Im Heim freundete ich mich mit Fraidu Rizel an. »Du bist aus meiner Heimat«, rief sie erstaunt und strahlte über das ganze Gesicht. Es war ein großartiges Gefühl. Jemand von zu Hause. Sie kam aus Mittel-Opsa, einem Dorf, das nur etwa fünfundzwanzig Kilometer von Nove Barovo entfernt ist. Sie war ein Jahr älter als ich, aber wir verstanden uns gut. Ihre Eltern müssen bereits 1942 umgebracht worden sein. Fraidu hat es, glaube ich, erst 1944 erfahren. Später heiratete sie Moishe Jakovits, der ebenfalls aus den Karpaten stammt. Dessen Dorf wurde von den Ungarn restlos niedergebrannt, weil die Deportationen wegen Typhus nicht durchgeführt werden konnten. Fraidu wanderte nach dem Krieg nach Palästina aus, war auch da Entbehrungen ausgesetzt und konnte sich schwer an das dortige Leben gewöhnen. Sie fühlte sich entwurzelt. Viele Jahre

später zog die sensible Fraidu mit ihrem Mann nach Antwerpen. So haben wir uns wiedergefunden.
Das gemeinsame Schicksal und die gemeinsamen Erinnerungen blieben unser Band, unser Geheimnis.

Fraidu kannte die Probleme meiner kleinen Schwester. »Vielleicht kann Golde bei uns im Schneideratelier Knöpfe annähen? Oder Ähnliches? Ich würde mich um sie kümmern.« Fraidu wollte Golde helfen, aber meine Schwester war sprunghaft und schwierig. Sie wollte nicht arbeiten. Sie wollte nur zur Schule gehen. Das »Joint«-Büro vermittelte schließlich einen Lehrer, der sie zu Hause unterrichtete. Ihre Pflegeeltern wohnten nicht weit vom Hanna-Heim entfernt, und Golde kam oft bei uns vorbei. Sie wurde bald der Liebling zweier Schwestern, die hier im Heim ein Praktikum machten, um den Umgang mit kleineren Kindern zu lernen. Sie holten meine Schwester aus ihrer Isolation, tobten und lachten viel mit ihr, brachten sie mit gleichaltrigen Spielkameraden zusammen, und bald lernte unser Sorgenkind Ungarisch und konnte wieder albern.

»Wenn ich mehr verdiene, können wir zusammenziehen.« Meine Mutter gab die Hoffnung nicht auf, irgendwann könnten wir wieder eine richtige Familie sein.
»Nichts wäre schöner, als euch beide wieder tagtäglich um mich zu haben«, sagte sie. Ihre Hoffnung waren entfernte Verwandte, die sie ausfindig gemacht hatte. Doch die Guttmans zeigten sich zwar über unser Schicksal betroffen, hatten aber Angst, uns aufzunehmen.

So lebten wir voneinander getrennt.

Über drei Jahre.
Meine Mutter, Golde und ich trafen uns, wenn wir uns sehen wollten, zwischen 18 und 19 Uhr im Park auf einer Bank.
Bis Anfang 1944.

Das Leben der Juden war auch in Budapest leidvoller geworden.* Die BBC berichtete über die Greueltaten in Galizien und auch über das Massaker von Kamenjitsch-Podolski. »Ob sie uns jetzt glauben werden?« sagte meine Mutter. Die Entwicklung im Osten gefiel ihr nicht. Sie war besorgt. Aber alle Warnungen glaubwürdiger Zeugen wurden von den Budapester Juden in den Wind geblasen. Die Stimmung in der Stadt war gereizt. Antisemitische Sprüche wurden immer lauter. Die Nazi-Mörder marschierten rücksichtslos durch ganz Europa. Die ganze Welt schaute zu. Die ungarischen Juden glaubten, ihnen könne nichts geschehen und legten die Hände in den Schoß.

VIII

1944
Kopflos zurück in die Karpaten

Mein Hirn denkt kosmopolitisch, mein Herz schlägt jüdisch …

Lion Feuchtwanger

Im März 1944 marschierten die deutschen Truppen in Ungarn ein.
»Alles wiederholt sich«, sagte Mutter. »Kinder, wir müssen jetzt den Davidstern tragen.«
Die Schikanen gegen die Juden waren nicht mehr zu übersehen.
Jüdische Haushalte durften keine arischen Hausangestellten beschäftigen. Die Juden wurden aus der Advokatenkammer ausgeschlossen, aus der Mitgliederliste der Presse-, Theater- und Filmkammer gestrichen, die Apotheker verloren ihre Lizenzen.
Nur bei den Ärzten zögerten die Deutschen mit der »Bereinigung«, denn wegen des großen Ärztemangels drohten hier Probleme.
Zur »Entjudung« der Wirtschaft mußten spätestens bis zum Herbst 1944 alle jüdischen Angestellten entlassen werden, nur gewisse Ausnahmen »zur ungestörten Fortführung des Wirtschaftslebens« waren zugelassen. Jüdisches Vermögen mußte angemeldet werden, Bank- und Sparkassenguthaben wurden gesperrt und sämtliche jüdischen Firmen und Geschäfte geschlossen, Warenvorräte und Geschäftseinrichtungen beschlagnahmt.

Panik brach aus.
Aber es war zu spät. Viel zu spät.
Das amerikanische »Joint«, das internationale Rote Kreuz, mehrere Diplomaten, die zionistische Jugendbewegung und auch christliche Organisationen sowie eine Reihe von Konventen und Klöstern versuchten hastig zu helfen, zu vermitteln, freizukaufen.
Große Geldsummen wurden angeboten, Ware wurde gehandelt, geschmuggelt, versprochen, getauscht.
Es brachte nichts.

Von August 1944 an wurden die Juden in gesonderte Häuser gedrängt, und zwar in der Nähe von Fabriken, Bahnhöfen und überall dort, wo mit Bombenangriffen zu rechnen war. In ihren neuen Behausungen lebten sie wie im Ghetto. Die Wohnungen in der Stadt dagegen wurden in erster Linie bombengeschädigten arischen Bürgern zur Verfügung gestellt. Die Ausgehzeiten der Juden, die in den gekennzeichneten Häusern zusammengelegt wurden, waren eingeschränkt, und man setzte die Lebensmittelrationen für Juden herab.*
Die SS beabsichtigte, bis zum Herbst des Jahres 1944 eine »judenfreie« Stadt zu schaffen.

Wir drehten durch.
Alle haben durchgedreht.

In dieser Untergangsstimmung verlor meine Mutter die Nerven, und in ihrer Verzweiflung traf sie die falsche Entscheidung. »Laßt uns nach Hause gehen, nach Nove Barovo«, sagte sie tonlos. »Ich möchte Iljana und Onkel Schlo-

mo wiedersehen.« Ihr fehlte die Kraft. Man hatte ihr die unerschöpfliche Quelle der Zuversicht und Wärme, die jüdische Großfamilie, geraubt. Ihre weibliche Würde war längst auf der Flucht geopfert worden.
Es blieb ihr nur die sprachlose Ohnmacht. Ihr Zusammenbruch war vollkommen.
Nein. Sie wollte nicht mehr. Nach Rumänien? Wo die Machthaber eine Kehrtwende gemacht hatten? Schwarz über die Grenze? Wieder? Nein. Wer übrigens über die rumänische Grenze wollte, brauchte nicht nur Glück, sondern vor allem viel, sehr viel Geld. Die Menschenschmuggler wußten, was sie wollten.

Jeder dachte an sich.
Jeder handelte für sich.

»Wenn man in der kanadischen oder schwedischen Botschaft Kontakte im Ausland vorweisen kann, gibt es Ausreisemöglichkeiten. Ob das für uns eventuell eine Chance ist?« Meine Mutter erfuhr in letzter Minute von diesen Möglichkeiten. Ihr fiel ihr argentinischer Mann ein. Unser Vater: Moishe Kaufman. Weit weg in Sicherheit in Buenos Aires. Aber was sollte meine Mutter ohne gültige argentinische Papiere, ohne beglaubigte Dokumente? Wunschträume?
»Der Krieg muß doch irgendwann zu Ende gehen«, tröstete sie sich. »Die Ruthenen werden uns einen Bunker bauen, und wir werden schon durchkommen«, redete sie sich ein. »Kommt, Kinder, wir haben Schlimmeres hinter uns.« Und sie schnürte wieder unser dürftiges Gepäck. So fuhren wir mit der Eisenbahn die Strecke Budapest-Bustino.

Wie damals, 1941, diesmal in umgekehrter Richtung.
Mama schaute nicht einmal zurück.
Die Zugreise war ein Alptraum, die Angst, gefaßt zu werden, allgegenwärtig. Der Krieg war überall. Für das Karpatenland und für Siebenbürgen galten Reisebeschränkungen. Für den Inlandspostverkehr war die Zensur eingeführt worden. Untergrundkämpfer störten die Nachschublieferungen und versetzten das Hinterland in Unruhe. Die Deutsche Wehrmacht hatte alle Hände voll zu tun. Reisen war äußerst gefährlich. Tausende und Abertausende verzweifelter Menschen waren auf der Flucht. Von zu Hause weg oder wieder nach Hause zurück irrten sie durch das Land. Meine Mutter war in Panik. Wie mutig hatte sie uns durch die letzten Jahre gebracht und uns immer wieder Hoffnung gemacht. Jetzt hatte sie die Kraft verloren. Wann würde diese Odyssee enden?

In Bustino warteten wir vorsichtig in einer verwinkelten Hausecke, bis es dunkel wurde. In den Straßen patrouillierten Militärfahrzeuge, es wimmelte von Soldaten, die auf der Suche nach Partisanen waren und ständig kontrollierten.*
Unsere Sehnsucht nach unserer Heimat strafte der Himmel.

Wir hasteten weiter über die Felder und durch das Gestrüpp. Den Weg von Bustino nach Nove Barovo kannte meine Mutter in- und auswendig. Die Luft roch nach reifem Korn. Das Heu duftete. Die Erde war uns vertraut.
Erschöpft und erleichtert erreichten wir unser Dorf und klopften vorsichtig bei Iljana an. Sie weinte vor Freude.

»Die Russen stehen schon in den Bergen«, jubelte sie. »Glaube mir, der Spuk kann nicht mehr lange dauern.« Auf dem ärmlichen Ofen ihrer winzigen Stube fing sie sofort an zu bruzzeln. Wir setzten uns um den Herd, es war wohlig warm, und wir fühlten uns zu Hause. »Es ist zwar verboten, aber jeder im Dorf hört rund um die Uhr die russischen Nachrichten im Radio. Es kann wirklich nicht mehr lange dauern.«
Iljana ließ keinen Zweifel zu.

»Was ist mit Onkel Schlomo?« fragte Mutter gleich. Iljana blieb stumm. Und wir wußten Bescheid. Man hatte ihn abgeholt, wie so viele andere Juden in der Umgebung.
Die Henker hatten dem braven weisen Mann nur einen kurzen Aufschub gewährt. Die Mitglieder der jüdischen Gemeinde, die seit 1941, nach der leidvollen Erfahrung der Vertreibung, wieder in Nove Barovo, Bustino und der weiteren Karpaten-Ukraine lebten, hatten fest geglaubt, davongekommen zu sein.* Doch in Bustino mußten die Juden 1944 in das Ghetto umziehen. Später wurden sie in die Synagoge getrieben, dort festgehalten, erniedrigt und gefoltert. Man nahm ihnen Geld und Wertgegenstände ab. Eine ungarische Hebamme untersuchte mit sadistischem Vergnügen die jüdischen Frauen. Die letzten jüdischen Häuser wurden geplündert und enteignet. Schließlich brachte man alle Juden aus Bustino, wie meinen Onkel Schlomo, in mehreren Viehwaggons vom Bahnhof aus in das Matesolko-Ghetto. 17 000 Juden vegetierten hier auf engstem Raum. Sie kamen aus mehr als dreißig Ortschaften der Marmaros-Gegend. Matesolko war das größte und grausamste Ghetto der Region. Von hier aus wurden die

letzten Überlebenden in die Konzentrationslager gebracht. Nur ganz wenige kamen wieder.

Onkel Schlomo ist wohl mit den meisten Juden aus Bustino am 29. Mai 1944, am zweiten Tag des »Shavuoth«, mit dem dritten Transport nach Auschwitz gebracht worden. Mutter hatte keine Tränen mehr. Sie starrte ins Leere, die schmalen Schultern gebeugt, das Gesicht blutleer. Sie rang nach Fassung.
Von jetzt an erfüllte sie mit noch größerem Ernst und meist nur noch schweigend ihre Mutterpflichten. Und dennoch mahnte sie uns: »Lebt von der Hoffnung. Wir dürfen uns nicht aufgeben.«
Worte, die mir heute noch wie ein Gelübde klingen.

Iljana, die mutige und treue Ruthenin, versteckte uns in einem Verschlag auf dem Hinterhof ihres kleinen Hauses. Tag und Nacht bauten ihr Mann und sie an einem Bunker für gefährliche Stunden. Aber wir Kinder hatten keine Angst. »Wer in Nove Barovo sollte uns schon verraten?« fragte ich meine Mutter. »Alle sind uns doch wohlgesonnen.« Wie sollten wir auch mißtrauisch sein? Über Generationen wohnten wir Juden friedlich Tür an Tür mit den Ruthenen. Der jüdische Doktor machte ebenso bei den kranken Ruthenen wie bei uns seine Hausbesuche, die jüdische Hebamme versorgte sowohl die ruthenischen als auch die jüdischen Mütter. Seit mehr als zweihundertfünfzig Jahren waren wir Nachbarn. Wie sollten wir auch nur einen Augenblick an der Loyalität dieser Nachbarn zweifeln?
Nur Mutter war mehr als mißtrauisch geworden. »Seid bit-

te vorsichtig«, sagte sie immer wieder. »Traut keinem und bleibt im Haus.«

Später erfuhr ich, daß viele Einheimische, vielleicht nicht gerade in Nove Barovo, aber in anderen Orten der Karpaten-Ukraine ihre jüdischen Mitbewohner für eine halbe Flasche Schnaps den ungarischen Gendarmen ausgeliefert haben. Sie sollen sich bei den Ungarn sozusagen als Spürhunde verdingt haben, auch wenn sie die Ungarn eigentlich nicht mochten. Sie sollen Geld von verängstigten Juden genommen, ihnen Hilfe und ein Versteck versprochen, sie aber trotzdem ausgeliefert haben. Bittere Geschichten.
Dies blieb uns erspart. Iljana und auch der Rest des Dorfes waren und blieben uns treu. Wir Kinder fühlten uns sicher, und Mama war trotz ihres Mißtrauens selig, endlich wieder daheim zu sein, auch wenn das Leben sehr eingeschränkt war und wir tatenlos abwarten mußten.
Wir warteten eine ganze Zeit.

IX

Meine neue Identität: Maria Buza

Ich bin im Jahre 1911 »aus dem Judentum ausgetreten«, und ich weiß, daß man das gar nicht kann.

Kurt Tucholsky

»Du mußt aus dem modrigen Bunker raus«, sagte Mutter. »Die Enge tut deinen Beinen nicht gut.« Die Strapazen der Flucht von Galizien in die Karpaten zurück waren nicht spurlos an mir vorbeigegangen. Beim Durchqueren der Schluchten und Durchwaten der eiskalten Bergflüsse waren meine Zehen erfroren, auch meine Beine hatten gelitten. Der feuchte Bunker und das Ausharren auf engstem Raum ohne Bewegung war der Durchblutung nicht gerade förderlich, und ich hatte große Schmerzen. Meine Mutter konnte sich das nicht länger mit ansehen und suchte eine Lösung. Sie meinte, ich solle weg, heraus aus der Enge, laufen und mich viel bewegen.

Also wieder Flucht.

»Vielleicht fällt Ivanowitsch Buza etwas ein«, meinte die gute Iljana und hatte den ruthenischen Bauern wohl bereits angesprochen.

Der verschwiegene Buza bot meiner Mutter die Pässe seiner Frau und seiner beiden Töchter an. »Falls ihr geschnappt werdet«, sagte er ruhig, »müßt ihr einfach behaupten, ihr hättet die Papiere gestohlen.«

Meiner Mutter war nicht sehr wohl dabei. Konnte man einen Menschen mit seiner ganzen Familie in so eine gefähr-

liche Sache verwickeln? Aber welche Möglichkeiten blieben uns noch?
»Nimm das Angebot an«, drängte Iljana in aller Milde. »Ivan meint es ernst und steht zu seinem Wort.«
So wurde aus Ester Herz Cilia Buza, aus Golde Herz Anna Buza und aus Yudka Herz Maria Buza.
Ich hatte eine neue Identität. Ich war keine Jüdin mehr. Ich brauchte das Tageslicht nicht mehr zu scheuen. Ich war wieder ein achtenswerter Mensch, jedem präsentabel und absolut integer.
Aber es ging mir nicht gut dabei. Ich dachte an Onkel Schlomo, der sich in Sicherheit gewähnt hatte, an Tante Sara, die in Delatyn zurückgeblieben war, an alle, die wir auf dem langen Marsch zur Hölle verloren hatten. Hatten sie jemals eine Chance gehabt?

Ich sollte nun schnell nach Budapest zurück. Da gab es Arbeit. »Und du weißt, wo du unterkommen kannst«, sagte meine Mutter. »Außerdem sprichst du jetzt fließend Ungarisch.« Und obwohl die Lage sich in der ungarischen Hauptstadt sehr zugespitzt hatte, die Deportationen anhielten, entschied meine Mutter: »Fahr trotzdem. Hier wirst du krank, und das ist erst recht keine Lösung.«
Also fuhr ich.
Es gab einen Trost: »Sobald es möglich ist, komme ich mit Golde nach«, sagte Mama, »zu dritt ist die Fahrt ohnehin zu gefährlich.«

Ich war siebzehn Jahre alt, jeglicher Illusionen und Träume beraubt und mir meiner Verantwortung bewußt.

Iljana hörte sich im Dorf nach einer eventuellen Begleitung um. Poli Pilz, ein »Schwabe«, der zusammen mit meiner Mutter in die Schule gegangen war, seit eh und je Kontakt zur jüdischen Gemeinde pflegte und mit uns jiddisch sprach, nahm mich in seine Obhut. Ob Poli wirklich aus Schwaben kam, kann ich nicht sagen. Für uns in den Karpaten waren alle Deutschen, ob sie nun aus Schwaben, Franken, Sachsen oder Böhmen stammten, aus Österreich oder der Zips kamen, schlicht und einfach »Schwaben«.

»Ich kümmere mich um Yudka«, Poli beruhigte meine niedergeschlagene Mutter. »Ich werde sie bis nach Budapest begleiten«, und er besprach mit ihr die Reise. »Ich muß dir aber noch etwas beichten, Ester«, fügte der mutige Mann erst zögernd hinzu: »Im Dorf gibt es noch zwei versteckte jüdische Mädchen. Ich werde sie ebenfalls mitnehmen.«
Wir waren sprachlos.

Lelu und Bela Geller, ich kannte sie nur allzugut aus der Schule, waren zusammen mit ihrer Mutter bei Ruthenen untergetaucht. Und wir hatten nichts davon gewußt.
»Es leben noch welche«, sagte Mutter. Ihre Augen leuchteten.
Lelu lebt jetzt in Cleveland und Bela in New Jersey bei New York. Wir haben uns auch später, nach allem, was geschehen ist, nie aus den Augen verloren.

In der Nacht von Dienstag auf Mittwoch machte Mutter mein kümmerliches Gepäck zurecht, drückte mir ein Säckchen mit zwölf eingenähten kleinen Goldmünzen und ein

wenig Proviant für die Reise in die Hand. Dann nahmen wir schweren Herzens Abschied. Meine kleine zerbrechliche Mutter: Sie war Mitte dreißig, eine junge Greisin. Von den Demütigungen der letzten Jahren schwer gezeichnet, war sie nur noch ein Schatten ihrer selbst, eine nachdenkliche, gottesfürchtige Frau, einsam ohne jeden männlichen Beistand, aber voller Güte und von einem tiefen Gefühl der Verantwortung für uns Kinder erfüllt.
»Bring mir das Kind heil nach Budapest«, sagte sie zu Poli und kämpfte gegen ihre Tränen. Auch Iljana weinte. Zum Abschied schenkte mir die gläubige katholische Ruthenin ein Kreuz. »Trag es an diesem Goldkettchen«, schluchzte sie. »Es soll dir Glück bringen.«

Ich war jetzt eine Christin: Maria Buza, eine Arierin ruthenischer Abstammung.

Poli Pilz hielt Wort. Er holte uns um elf Uhr abends ab und lief uns in der Dunkelheit voraus. Im Abstand von fünfzig Metern schlichen wir durch den Wald und über die Felder bis zu einer Sommerhütte, etwa zweieinhalb Kilometer von Bustino entfernt, wo Poli uns mit Essen und Trinken versorgte, um dann allein mit dem Rad die Lage zu erkunden und uns wieder abzuholen. Wir waren ungeduldig und nervös. Die Nacht nahm kein Ende. Aber Poli kam wie versprochen. Und wir machten uns wieder schweigend auf den Weg. In Bustino wartete der Zug nach Budapest. »Wir steigen zwar in denselben Waggon, aber jeder setzt sich in ein anderes Abteil«, sagte Poli, »keiner darf merken, daß wir uns kennen.«
Die Reisenden wurden kontrolliert, Razzien waren an der Tagesordnung. Man suchte nach Partisanen und Deserteu-

ren. Nicht mehr nach Juden. »In eurer bunten ruthenischen Tracht wird sowieso keiner auf die Idee kommen, ihr könntet Jüdinnen sein«, hatte uns Iljana zur Beruhigung gesagt, und so fühlten wir uns einigermaßen sicher. Lästige Kontrollen und Razzien blieben uns erspart, und wir kamen wohlbehalten in Satmar an. Das rege Städtchen im äußersten Nordwesten Siebenbürgens im damals von Ungarn regierten Transsylvanien, das heute zu Rumänien gehört, litt ebenfalls unter den Kriegswirren.* Die Gleise am Bahnhof waren teilweise zerstört, und wir mußten umsteigen, um nach Budapest zu kommen.

»In Satmar müßt ihr ein paar Stunden Geduld haben und am Bahnhof auf mich warten«, hatte Poli uns bereits in Bustino gesagt. »Ich muß dort dringend etwas erledigen, bin aber rechtzeitig, wenn der Zug nach Budapest weiterfährt, wieder da.« Poli verschwand in der Menge, und wir blieben uns selbst überlassen.

In der Bahnhofshalle schleppten Hunderte von Menschen ihr letztes Hab und Gut, saßen erschöpft auf Koffern und Säcken oder schliefen zusammengekauert auf dem verdreckten Boden.

Das Land lag in Schutt und Asche. Deutsche aus der Bukowina oder der Karpaten-Ukraine, Ruthenen, Zwangsevakuierte, Kriegsgefangene: Sie waren alle unterwegs, zogen über die Karpatenpässe verzweifelt »irgendwo« hin, hofften auf Verpflegung und Unterkunft. Der Bahnhof war ein Sammelplatz menschlichen Treibguts. Mit einem Stück Brot oder einer Wolldecke wurde schwarz gehandelt. Waffen, Pferde, Wehrmachtszeug, Zigaretten, Schmuck: Alles war unter der Hand zu haben. Es wurde gestohlen und geschoben, wo man nur hinschaute. Ver-

schärfte Ordnungsdienste versuchten, das Chaos zu bewältigen.
Die Welt war aus den Fugen.
Der königlich-ungarische Generalstab hatte westlich der Karpaten für die ostwärts des Gebirges kämpfenden ungarischen Truppen Nachschubbasen im Raum Uzgorod, Munkatsch, Chust und Sighet eingerichtet. Diese Stellen dienten gleichzeitig der Versorgung der in den Karpaten oder westlich davon eingesetzten oder später noch einzusetzenden deutschen Verbände. Die deutschen Verwaltungstruppen waren in Satmar stationiert. Von hier aus wurde der Nachschub für die Region organisiert. Bäckereien und Schlächtereien versorgten die durchziehenden Truppen mit Marschverpflegung. Nachschubzüge hielten am Bahnhof von Satmar, und es wimmelte von deutschen Soldaten und Offizieren.
Wir Mädchen gingen voller Angst auf dem Bahnhof hin und her und warteten in dem schrecklichen Durcheinander stundenlang auf Poli. Vergebens. Der Zug nach Budapest war inzwischen längst abgefahren, aber Poli kam nicht. Es wurde Abend, es wurde Nacht. Wir drückten uns in der Bahnhofshalle herum, völlig verzweifelt, bis zum nächsten Tag. Dann kam Poli. Aber nicht allein.
Zwei Zivilpersonen begleiteten ihn. Poli sah uns von weitem, wedelte geistesgegenwärtig mit seinem Strohhut und gab uns ein ganz deutliches Zeichen, daß wir uns davonmachen sollten.

Viel später erfuhren wir, daß unser treuer Begleiter, während wir in Satmar auf dem Bahnhof gewartet hatten, nach Matesolko gereist war, in dieses schreckliche Ghetto, wo

die meisten Juden aus der Marmaros-Gegend zusammengepfercht worden waren, bevor sie nach Auschwitz deportiert wurden. Mein Onkel, der älteste Bruder meines Vaters, war mit seiner ganzen Familie dorthin verschleppt worden. Wir nehmen an, daß er Onkel Poli den Auftrag gegeben hatte, ein großes Stück Land zu verkaufen, um mit dem Erlös die Familie im Ghetto freizukaufen. Dieses Geld trug Poli bei sich. Doch er muß bereits während der Fahrt nach Satmar beobachtet worden sein. Die Beamten waren ihm bis Matesolko gefolgt und warteten, bis er das Geld überbrachte. Dann nahmen sie ihn sofort fest.
Nun saßen wir also in Satmar. Lelu war zweiundzwanzig Jahre alt, Bela und ich siebzehn.

Wir kannten keinen Menschen, hatten keine Bleibe, wußten nicht, wohin. Wir hatten keine Lebensmittelmarken, die in dieser Zeit fast wichtiger als Geld waren, und die kleinen Goldmünzen meiner Mutter wollte ich nicht gleich ausgeben.
Wo war Poli? Was war passiert? Wurde er verhört? Würde er reden? War man uns auch bereits auf der Spur? Keiner konnte uns helfen.

Später war mir klar, daß Poli gefoltert worden sein muß. Er hat aber die Namen seiner Schützlinge nie preisgegeben. Er hat unsere Freiheit mit dem Leben bezahlt. Sein Bruder Petro Pilz lebt mit seiner Familie heute noch in Nove Barovo. Sie haben niemals mehr etwas von Poli gehört. Ob meine Mutter gewußt hat, was uns in Satmar widerfahren ist? Was Poli widerfahren ist? Auch darauf bekam ich nie eine Antwort.

»Es ist besser, wenn du hier in Satmar für dich alleine ein Zimmer suchst«, meinten Bela und Lelu. »Wir wollen zusammenbleiben, und zu dritt wird es aussichtslos.«
Sie hatten recht.
Aber ich fühlte mich so elend.
Ein Hotel kam, auch vorübergehend, nicht in Frage, da Hotels ständig kontrolliert wurden. So machte ich mich, nachdem ich in der Hoffnung, Poli käme doch noch wieder, drei Nächte auf einer Parkbank in der Nähe des Bahnhofs geschlafen hatte, auf die Suche nach einem Zimmer. Das war nicht einfach. Die neue Identität, mein neuer Name machten mir zu schaffen. Und ich war völlig auf mich gestellt und unsicher. Nicht einmal eine Bank gab es mehr, wo ich mich mit meiner Mutter hätte treffen können, um mit ihr die Lage zu besprechen.
Bei Einbruch der Dunkelheit beobachtete ich eine kräftige Frau, die einen großen Wäschekorb vor sich hertrug. Ich faßte mir ein Herz und sprach sie an. »Wissen Sie eventuell ein möbliertes Zimmer für mich?« fragte ich zögernd. Wenigstens für ein paar Tage? Vielleicht vorübergehend?« Güte und Wärme strömten mir entgegen. Sie schaute mich mitleidsvoll an und sagte spontan: »Komm mit. Du kannst mein Zimmer haben, ich habe für mich genügend Platz in der Küche auf der Couch.« Sie war Ungarin und ahnte natürlich nicht, daß ich Jüdin war. Und so zog ich zu ihr.
Ihre ärmliche Wohnung in einem Hinterhaus im Zentrum von Satmar war winzig, aber sauber. Die kleine Küche, die gleichzeitig als Wohn-, Eß- und Badezimmer diente, war vom Schlafzimmer durch einen Vorhang getrennt und hatte nur ein einziges Fenster. Im belebten Innenhof ging es laut zu, und aus einer Großbäckerei strömten tagtäglich

die betörenden Düfte von frischem Brot und süßen Köstlichkeiten bereits morgens in das Zimmer. Besser konnte ich es eigentlich nicht haben. Meine Wirtin, ich nannte sie Mori Neni, das heißt Tante Mori, schloß mich in ihr großes Herz und kochte Fleischsuppen, brachte trotz der schlechten Zeiten Unmengen von Braten auf den Tisch und drängte mich immer wieder, doch endlich etwas Vernünftiges zu essen. »Kind, du bist zu dürr und siehst schlecht aus.« Sie meinte es nur gut mit mir. Aber mir blieb alles im Hals stecken. Mir fehlte die koschere Kost, Mutters Fürsorge und Zuspruch.

X

Satmar 1944-1945
Arbeit bei der Deutschen Wehrmacht
und ein neues Zuhause

»Durch eine seltsame Ironie des Schicksals waren – und sind – sich allein die Davongekommenen, die Gespenster, ihres Schuldanteils bewußt. Es geht hier nicht um einen jansenistischen Begriff, und die Erbsünde läßt sie gleichgültig. Ihre Schuld ist konkreter, herzzerreißender – sie gehört zu ihrem Sein.«

Elie Wiesel

Mir wurde klar, daß ich mein Leben nun selbst in die Hand nehmen mußte.
Ich suchte Arbeit.
Mir fehlten Ausbildung, Beziehungen und Selbstbewußtsein, ich hatte aber eine Miete zu bezahlen und mußte von etwas leben.
Das Satmarer Arbeitsamt bot mir eine Stelle in einer Keksfabrik an. Da verdiente ich nicht das Salz auf den Kartoffeln.
In Budapest hatte ich in einer Schneiderwerkstatt ein wenig nähen gelernt. Also stellte ich mich wieder in die traurige Schlange der Arbeitslosen, vielleicht konnte ich doch einen besser bezahlten Job bekommen.
Ich gab meine Personalien an, erzählte der Dame am Schalter von meinen ungarischen, ruthenischen und tschechischen Sprachkenntnissen und bekam die Nummer 137 zugeteilt.
Ein deutscher Offizier betrat zusammen mit zwei ungarischen Offizieren den Raum. Kaum ein paar Minuten später wurde laut und deutlich die Nummer 137 aufgerufen. Mir wurde schwarz vor Augen. Ich kann mich bis heute nicht mehr erinnern, wie ich überhaupt zum Schalter ge-

stolpert bin, denn ich war felsenfest davon überzeugt, man würde mich festnehmen.
Aber nichts dergleichen geschah. Die Angestellte hatte sich meine Nummer gemerkt, lachte mich freundlich und wohlwollend an und sagte: »Ich habe eine tolle Stelle für Sie und stelle Ihnen die zuständigen Herren vor.« Sie brachte mich in das Büro der beiden ungarischen Offiziere. Für die Verpflegungsstelle der Deutschen Wehrmacht wurde eine mehrsprachige Kraft gesucht.
Ich konnte kaum klar denken.
»Ich kann unmöglich beim deutschen Militär arbeiten«, sagte ich kleinlaut, »denn ich spreche kein Wort Deutsch.«
Die Offiziere amüsierten sich und meinten: »Das ist völlig unwichtig. In der Verpflegungsstelle arbeiten fast nur Zivilisten: Ukrainer, Ungarn und Juden.« Ich traute meinen Ohren nicht. Juden? Gab es denn in Satmar ein Ghetto oder ein Arbeitslager? Die Angst schnürte mir die Kehle zu.
Ich bat um Bedenkzeit.
Daraufhin konnte ich die ganze Nacht nicht schlafen.

Dieses Angebot war eine einmalige Chance, meine neue Identität offiziell zu leben, und zwar unter den Augen der Deutschen. Ich war Maria Buza, angestellt beim Militär, eine Christin mit dem Kreuz von Iljana auf der Brust. In der Höhle des Löwen war ich am sichersten.

Und so fing ich in der Verpflegungsstelle der Deutschen Wehrmacht bei Inspektor Dr. Schuff mit der Verteilung der Versorgungspakete an deutsche und ungarische Soldaten an.

Schuff war Wehrmachtsoffizier, kein SS-Angehöriger. Das beruhigte mich fürs erste. Er war von der Front abgezogen worden, nachdem er in Rußland verwundet worden war, und leitete nun in Satmar die Verpflegungsstelle für die durchziehenden Truppen. Dieser disziplinierte, vornehme Mann schaute mich prüfend an. Er sagte: »Du könntest meine Tochter sein!« und legte den Arm um mich, zog an meinen langen Zöpfen und nahm mich auf der Stelle an. Ich mochte ihn sehr. Er war weich, aufmerksam und gerecht und nahm mir die Angst.

Wie oft stand er in Gedanken versunken da. Er muß nicht nur vieles geahnt, sondern auch vieles gewußt haben. Ich annoncierte vor noch nicht allzu langer Zeit in mehreren deutschen Zeitungen, um ihm auf die Spur zu kommen. Vergebens.

Ich würde ihn gerne noch einmal wiedersehen.

Einmal nur.

Neben der Arbeit fielen mir nun auch, ohne daß ich dazu etwas tun mußte, viele Informationen zu. Auf einmal steckte ich mittendrin. Weil ich Jiddisch sprach, konnte ich so gut wie alles, was zwischen den Deutschen gesprochen wurde, verstehen und spitzte bei diesen Gelegenheiten unentwegt die Ohren.

Die Spannung unter den deutschen und ungarischen Offizieren war groß, das Chaos nicht zu übersehen, die Misere längst Alltag.

Nervöse deutsche Offiziere flüsterten über verheerende Reiseberichte ihrer Kollegen. Deportationen von Tausenden von Menschen schienen nicht realisierbar, die Lager waren restlos überfüllt, die angeforderten Entlausungs-

züge und Sanitätswagen, die Ärzte und das Pflegepersonal trafen nicht ein.
An einem Tag wurden über 53 000 Deutsche aus Siebenbürgen und der Karpaten-Ukraine gemeldet, die mit ihren 50 000 Pferden über den Oitucz-Paß nach Ostungarn zogen. Die über Nacht einberufenen Sonderstäbe bemühten sich verzweifelt, die Situation zu meistern. Der Leiter eines Küchenzuges, den ich zufällig auf unserem Satmarer Bahnhof traf, beschwerte sich aufgeregt bei Schuff, er könne mit dem Kochen für die Soldaten nicht beginnen, da das aus dem Fluß zu entnehmende Wasser nicht auf seine Sauberkeit geprüft sei.

Die Lage war hoffnungslos.

General Woehler führte die Achte Armee an. Im Büro der Pflegestelle bekam ich per Zufall die Beurteilung dieses Herren zu lesen. In der kernigen nationalsozialistischen Sprache wurde er als »ein ganzer Mann« bezeichnet.

In der Dienststelle arbeiteten vierzehn Mädchen. Ich war in der Lebensmittelabteilung beschäftigt. Tag für Tag mußte ich Schokolade, Honig, Salz, Pfeffer, Paprika und vieles mehr in kleinen Rationen abpacken. Der Proviant war für die Frontsoldaten bestimmt. Die Arbeit wurde hauptsächlich von deutschfreundlichen Ruthenen verrichtet und mußte zügig vorangehen. Auf den Gleisen schaufelte ein Trupp von etwa fünfzehn jungen Männern Schutt und Trümmer zusammen, schleppte Kisten und verrichtete die Schwerstarbeit. Sie sprachen ungarisch und waren an ihren gelben Armbinden schon von weitem zu erkennen.
Es waren Juden.

Schuff hatte eine Schwäche für mich. Er ließ mich oft zu sich rufen, befreite mich von schwerer Arbeit, und des öfteren durfte ich kleine Besorgungen im Zentrum der Stadt machen.
Die Bezahlung war ordentlich, und die vielen Lebensmittel aus dem Lager der Versorgungsstelle, wie Kaffee, Zukker oder Schokolade, waren ein herrliches Zubrot. Ich schleppte alles nach Hause, wo mir Mori Neni vor Freude um den Hals fiel. Wann hatte sie das letzte Mal Kaffee getrunken, Schokolade gegessen?
Ich liebte meine Mori Neni.
Aber die gastliche Ungarin mit dem großen Herzen war Alkoholikerin. Wenn sie zu tief ins Glas schaute, erzählte sie mir alles, was sie auf dem Herzen hatte. Ich erfuhr, daß sie früher als Wäscherin bei einer vornehmen jüdischen Familie mit zwei Söhnen und drei Töchtern auf der anderen Seite der Stadt gearbeitet hatte. »Aber die ganze Familie lebt jetzt im Ghetto«, meinte Mori Neni.
Ich glaubte ihr zunächst kein Wort. Noch nie hatte ich von einem Ghetto in Satmar gehört. Später stellte sich heraus, daß Neni die Wäscherin der Familie Kalman war, der Familie, in die ich nach dem Krieg einheiraten sollte.

Auf der Dienststelle spitzte ich von nun an mehr denn je die Ohren. Ich beobachtete jeden einzelnen jüdischen Zwangsarbeiter, machte mir ein Bild von ihm, um irgendwann vielleicht etwas mehr erfahren zu können.
Ob es in Satmar tatsächlich noch ein Ghetto gab, wie Mori Neni behauptet hatte?
Es ließ mir keine Ruhe.
Eines Tages sollte ich in der Stadt für Schuff Zigaretten be-

sorgen. Jüdische Zwangsarbeiter standen ebenfalls in der Reihe, sie gehörten nicht zu unserer Dienststelle.
Einer schaute mich eindringlich an. Es war der Sohn des Notars aus Bustino.
Ich weiß bis heute nicht, ob er mich erkannt hat.
Die Situation war unerträglich. Ich wollte mit den Juden Kontakt aufnehmen, wußte aber nicht, wie.
Bis mich der Teufel ritt.
Ich flüsterte einem etwas älteren Juden das Wort »Amcho« zu. Das heißt auf hebräisch »Dein Volk«. Der magere Mann musterte mich mißtrauisch und ging weiter, ohne sich nur einmal nach mir umzudrehen.

Doch am nächsten Tag traf ich ihn auf dem Satmarer Markt wieder. Ich schob mich hinter ihm in die Warteschlange und flüsterte: »Ich bin aus den Karpaten, aus Nove Barovo.«
»Ich auch«, erwiderte er kurz. »Zwanzig Kilometer von Bustino entfernt, ich heiße Srul Sandor.«
Mein Herz raste.
Ich hatte es gewagt. Das Eis war gebrochen. Während des Gespräches drehte ich mein Kreuz um, und er wußte genau, was ich meinte.
»Gibt es in Satmar noch ein Ghetto?« wollte ich wissen. Er nickte.
Ich war sprachlos. Mori Neni hatte also recht. »Auf meiner Dienststelle habe ich von Auschwitz gehört. Einem Vernichtungslager«, erzählte ich ihm aufgeregt. »Tag und Nacht brennen dort die Schornsteine der Krematorien. Der widerliche Geruch soll sich bis weit über die Landschaft ausbreiten.« Der unheilkündende Name Auschwitz

sagte Srul Sandor gar nichts. Er zuckte unwirsch die Schultern.
»Woher willst du das alles wissen?«
Da ich nicht zu erkennen geben wollte, wo ich arbeitete, nutzten meine Informationen überhaupt nichts.
Aber Srul Sandor war hellhörig geworden und suchte von jetzt an oft Gelegenheit, um mit mir zu sprechen.
Daß ich Jüdin war, war für ihn inzwischen klar, aber er erwähnte es während der ganzen Zeit niemals. Srul hat den Holocaust überlebt und ist nach dem Krieg nach Wien gezogen.

Meine Arbeit in der Dienststelle der Deutschen Wehrmacht war ein Glückstreffer. Dort lernte ich Ergi kennen, ein sympathisches Mädchen, und wir wurden enge Freundinnen. Leider habe ich ihren Nachnamen vergessen. Bis heute ist er mir nicht eingefallen. Ich hätte so gerne Kontakt mit ihr aufgenommen.
Ergis Mutter war Hausmeisterin eines großen, verwaisten jüdischen Anwesens in Satmar. Die Besitzer waren deportiert worden. Als kleines Mädchen spielte Ergi oft mit jüdischen Kindern, sie sprach sogar ein wenig Jiddisch und beschäftigte sich mit den jüdischen Traditionen. Ich nahm mich zusammen, um ihr nicht alles zu erzählen. Das Bedürfnis, mich irgend jemandem anzuvertrauen, war groß, aber die panische Angst, irgendwann als Jüdin enttarnt zu werden, beherrschte mich Tag und Nacht.
Und so blieb meine Identität mein Geheimnis.
Ergi war ahnungslos und offenherzig. »Komm doch mit mir nach Hause!« drängte sie. »Meine Mutter freut sich.«
Ich genoß die Gastfreundschaft, die ganz normale Familie,

die Geschwister, den unkomplizierten Umgang untereinander und die Geselligkeit.
Wie lange entbehrte ich das Familienleben nun schon! »Wo wohnst du eigentlich?« wollte Ergi wissen. »Hast du eine gemütliche Bleibe in Satmar?«
Dann sprudelte es aus mir heraus: »Ich halte es bei Mori Neni nicht länger aus!«
Inzwischen hatte ich erfahren, daß meine gute Wirtin während meiner Abwesenheit mein Zimmer stundenweise an Prostituierte vermietete. Ich fühlte mich nicht mehr sicher. Außerdem wollte eine junge Ungarin, die mich vom Sehen kannte und mich wohl nicht mochte, von Mori Neni wissen, wo ich herkäme, was ich in Satmar wolle und wo meine Familie geblieben sei. Meine gutmütige Wäscherin dachte sich nichts dabei. Für sie war ich ein fleißiges ruthenisches Bauernmädchen, das in der Stadt Arbeit suchte. Die kleine Kokotte erreichte aber, was sie wollte. Kaum ein paar Tage später wurde ich auf das Polizeirevier gebeten und mußte meine Papiere vorlegen. Die »echte« Maria Buza war vier Jahre älter als ich und sah auf dem Paßfoto auch schon recht erwachsen aus. Ich war zwar inzwischen fast achtzehn Jahre alt, wurde aber höchstens für fünfzehn gehalten, ich war schmächtig, klein und überhaupt nicht fraulich. Der Polizist schaute mich skeptisch an und knurrte: »Fräulein, passen Sie gut auf. Ein Telefonat nach Bustino genügt, um zu erfahren, wer Sie sind. Vielleicht sind Sie sogar eine Jüdin?« Meine Knie zitterten, und ich dachte nur: nichts wie weg.
Auch weg von Mori Neni.
Und so erzählte ich Ergi von meiner trinklustigen Wirtin und den Freudenmädchen. Sie war erschüttert. »Du ziehst zu uns«, sagte sie entschlossen. »Meine Mutter möchte

bestimmt nichts lieber.« Und schon am nächsten Tag zog ich zu Ergis Eltern. Sie nahmen mich auf wie eine Tochter. Wir teilten uns die Mahlzeiten, und ich zahlte nun Ergis Mutter Miete.

Für mich begann ein angenehmeres Leben. Ich hatte auf einmal wieder ein richtiges Zuhause. Ergi und ich streiften durch die verwinkelten Gäßchen, machten stundenlange Spaziergänge durch die Weinberge, und ich lernte die wunderschöne Umgebung kennen.
Sollte der Krieg bald zu Ende sein?
Wir hofften es.

Auf einem unserer Streifzüge durch die Viertel von Satmar kamen wir an dem Haus vorbei, in dem der alte Zinger lebte. Ergi bestätigte, was mir Srul Sandor bereits zugeflüstert hatte: Während des Ersten Weltkrieges hatte der gute Mann einen Fuß verloren, was ihn vor der Deportation bewahrt hatte.
Das berührte mich sehr. Einige waren also doch davongekommen?
Eines Tages, es muß im Mai 1944 gewesen sein, beobachtete ich, wie Juden gruppenweise zum Bahnhof geprügelt wurden. Ich blieb wie angenagelt stehen und fragte mehrere Passanten: »Wer sind die? Und was hat das Ganze zu bedeuten?« Sie guckten mich verwundert an. »Wissen Sie denn nicht, daß das Ghetto nun endgültig geräumt werden soll?«
Davon hatte ich in der Dienststelle nichts gehört. Die Mörder machten sich also nun auch hier in Siebenbürgen an ihre Arbeit.*

Satmar war immer ein Zentrum des chassidischen Judentums gewesen. Nach der Volkszählung von 1941 hatte die Stadt 52 011 Einwohner, von denen 12 960 Juden waren. Das ist immerhin so gut wie ein Viertel. Später konnte ich nachlesen, daß die führenden Vertreter des »Entjudungsprogramms« am 26. April 1944 in Satmar zusammenkamen, um die Vernichtungspläne für die Juden im nördlichen Siebenbürgen auszuarbeiten. Anfang Mai 1944 lebten im Satmarer Ghetto fast 19 000 Juden in erbärmlichsten Verhältnissen. Das jüdische Vermögen war konfisziert worden. Zwischen dem 19. Mai und dem 1. Juni 1944 wurden 18 863 Juden mit sechs Transporten nach Auschwitz deportiert. Damit war das Ghetto aufgelöst.

In der Dienststelle befahl Inspektor Schuff die jüdischen Zwangsarbeiter umgehend zu sich. Er drängte sie, nicht zu ihren Familien in das Ghetto zurückzugehen, sondern von jetzt an der Dienststelle Tag und Nacht zur Verfügung zu stehen. »Es gibt zu viel zu tun, und ich brauche jede Kraft«, sagte er energisch.
Es war nur ein Vorwand. Der deutsche Wehrmachtsoffizier wollte die jungen Männer vor der Deportation retten. Er wußte mehr. Um nicht zu sagen, er wußte alles. Aber die Juden hatten kein Vertrauen zu ihm.
Und was konnte ich tun? Ich suchte verzweifelt nach einer Gelegenheit, meine Leute zu warnen. Ich konnte und wollte nicht länger mehr stillschweigend zuschauen. Während der Verteilung der Päckchen in die größeren Kartons, die auf den Bahnsteig geschleppt werden mußten, atmete ich tief durch und sprach Ferku Klein, einen etwas älteren jüdischen Zwangsarbeiter, an. »Geht nicht zurück ins

Ghetto«, flüsterte ich ihm zu, aber er schaute mich von oben herab an und fragte: »Wer bist du? Ein Spitzel?«
»Ihr dürft auf keinen Fall in das Ghetto zurückkehren«, ich flehte ihn geradezu an. »Wenigstens ein paar sollen überleben.« Es war vergebens.
Ferku Kleins Frau und seine zwei Kinder lebten im Ghetto. »Soll ich sie einfach zurücklassen? Wie stellst du dir das vor?« fragte er empört.
»Deine Frau wird schon mit Gottes Hilfe überleben und zurückkommen«, ich redete mit Engelszungen. »Sie ist jung und kräftig.«
Wie versteinert hörte er mir zu. Hatte er bemerkt, daß ich nur von seiner Frau und nicht von den Kindern sprach?
Wir flüsterten und arbeiteten, flüsterten und arbeiteten. Andere jüdische Arbeiter wurden mißtrauisch und riefen ihm auf jiddisch zu, ich sei ein Spitzel und er solle bloß nichts preisgeben. Keiner von ihnen hörte auf Schuff oder auf mich. Sie kehrten alle zu ihren Familien ins Ghetto zurück.
Hat einer überlebt? Ich weiß es nicht.

Die Lage spitzte sich zu. Die letzten Deportationszüge verließen unseren Bahnhof. In mir stiegen die schmerzlichsten Erinnerungen auf.
Ich war erneut Zeuge, wie Menschen unter den Augen der Öffentlichkeit ihrer Würde und letztendlich ihres Lebens beraubt wurden.
Die Bevölkerung von Satmar reagierte, als ob die Vorgänge in der Stadt und am Bahnhof sie nichts angingen.
Die letzten Juden harrten mit ihren kümmerlichen Habseligkeiten auf dem Bahnsteig aus und warteten geduldig

auf die letzten Befehle, auf den Abtransport in den Tod.
»Ihr habt nichts zu befürchten«, beteuerten die Mörder. »Wir bringen euch lediglich aufs Land.«
Wie genau kannte ich diese Sprüche.
Eine Szene, die meinen Schädel sprengte.
Ich habe alles beobachtet. Ich, Maria Buza, achtzehn Jahre alt, mit dem Christenkreuz auf der Brust. Eine hartgesottene Ruthenin. Ohne Gefühle. Zwei dicke Haarzöpfe auf dem Rücken, zur Freude von Inspektor Schuff. Ein gesundes Mädchen, dem es an nichts fehlte.

Ein blasser jüdischer Vater im verschlissenen schwarzen Zottelmantel, er war vielleicht fünfundvierzig Jahre alt, sammelte fahrig die schmuddeligen Gepäckbündel seiner kinderreichen Familie ein – sie müssen mindestens zu zwölft gewesen sein – und hob die Kleinen sanft auf die zerrissenen, mühsam zusammengebundenen Koffer. Dazwischen stand auf der Erde ein Körbchen mit einem rosigen Säugling, der herzzerreißend schrie. Schuff hörte das Baby und rief mir zu: »Maria, nimm das Kind auf den Arm und laß es nicht so weinen.«
Aber ich war wie gelähmt. Die Angst schnürte mir die Kehle zu. Ich war steif wie ein Brett und sagte nur: »Ich will nicht, ich will nicht, ich will nicht«, und drehte mich trotzig um. Ich war eine von ihnen. Wußte er das nicht schon lange? Die Gendarmen würden kommen, merken, wer ich bin, und ich wäre verloren. Ich wollte das Kind nicht nehmen, nicht berühren, nicht sehen. Ich wollte mit dem Ganzen nichts zu tun haben. Ich wollte nur wegsehen. Mich retten. Schuff schnauzte mich an: »Warum suchst du dir keine Stelle bei der SS. Du bist ein herzloses Mädchen. Ich

bin entsetzt.« Wochenlang hat der Deutsche mich geschnitten.
Ob er mir diese Szene je verziehen hat?

Ich habe mir selbst nicht verziehen.
Diese Eindrücke von dem Bahnhof in Satmar verfolgen mich bis heute. Das Bild dieses winzigen Häufchens Mensch in seinem Körbchen kann ich nicht vergessen. Die großen schwarzen Augen der kleinen Kinder und des weinenden Säuglings schauen mich noch heute vorwurfsvoll an.
Diese Erinnerung ist unauflöschbar.
Ich fühle mich schuldig.

Bald gab es in Satmar fast keine Juden mehr. Hin und wieder traf ich mich sonntags mit den Schwestern Geller, mit denen ich aus Nove Barovo geflüchtet war. Die beiden Mädchen arbeiteten, ebenfalls unter falschem Namen, bei Bauern außerhalb der Stadt, und ich sehnte mich Woche für Woche nach den Sonntagen, denn Bela und Lelu waren ein Teil von mir, ein Teil meines Schicksals, Eingeweihte, Komplizinnen. Wir teilten die Heimat und die Sprache, wir hatten dieselben religiösen Wurzeln.
Da wir nicht wußten, wohin, suchten wir sonntags immer Schutz im Halbdunkel der katholischen Kirche und beteten zu unserem Gott.
Der Sonntag wurde zu unserem Trauertag, und wir fasteten wie an Jom Kippur, dem jüdischen Tag der Versöhnung und des Sündenerlasses.
Aber wir fühlten uns nicht befreit.
Der Wille zum Überleben wurde zur Bürde.

Wir lebten in einem Vakuum, ständig in angespannter Hoffnung auf bessere Zeiten. Doch die Gegenwart schien unendlich. Wir warteten auf ein Wunder.

XI

Frühjahr 1945
Nach der Agonie die bange Befreiung

»... wirkliche Verzweiflung packte uns erst später. Danach. Als wir auftauchten aus dem Alptraum und begannen, nach Sinn zu suchen.«

Elie Wiesel

Die Menschen am Ufer der Tereschwa und Terebla, in Siebenbürgen, in den Tälern am Fuße der Karpaten erlebten längst die Hölle auf Erden. Europa lag in der Agonie.
Längst waren die Alliierten in der Normandie gelandet. In der Verpflegungsstelle brüllten die Deutschen nach wie vor ihre kernigen Parolen, aber die Stimmung wurde immer bedrückender, und jeder wußte Bescheid.
Der Krieg war verloren.
Nach einer Reise durch die Nachschubbasen Nordostungarns berichtete ein Offizier deprimiert über die katastrophale Lage im Hinterland. »Die Versorgung ist zusammengebrochen.«
Schuff hörte ihm schweigend zu.
»Die zahlreichen Fliegerangriffe auf Verpflegungsstellen und Entlausungsanstalten machen die notwendige Hilfe schier unmöglich«, sagte der deutsche Soldat verzweifelt. »Über 70 000 Volksdeutsche aus dem Raum Südukraine haben ihre Heimatdörfer verlassen. Neben den Volksdeutschen müssen wir uns aber auch noch um die tausend und abertausend Ukrainer, Schuma, Kosaken, Zwangsevakuierten und Kriegsgefangenen kümmern. Sie sind alle in einem erbärmlichen Zustand.«

Dann wurde Satmar bombardiert.
»Das sind die Amerikaner«, sagten die Leute. Mir war es egal, wer es war. Hauptsache, es tat sich endlich etwas.
Die meisten Leute verließen fluchtartig die Stadt. Der Bahnhof lag bereits in Schutt und Asche. Die Versorgungsstelle der Deutschen Wehrmacht funktionierte nur noch bedingt.* Schuff brachte mich im Zentrum der Stadt in einer Verteilungsstelle der Wehrmacht unter. Am Bahnhof wurde alles aufgelöst. Nun mußte ich Kleider, Schuhe und Taschen sortieren, all das, was man den Juden abgenommen hatte und was nun an die Bedürftigen unter den verbliebenen Bewohnern verteilt werden sollte. Die Wertsachen waren vorher bereits aussortiert worden und in andere Hände gelangt. Keiner wußte mehr, wer für was zuständig war.
Meine Freundin Ergi sollte mit ihren Eltern die Stadt verlassen. Das machte mich sehr traurig. Ihre Großeltern bewirteten außerhalb von Satmar, in Barg-Satmar oder Satmarhagj, auf der Anhöhe ein schönes Bauernanwesen. Von der Stadt aus sah man die sanft abfallenden Hänge über der Somes, die Weinstöcke, die sie trugen, leuchteten rotbraun in der ersten Herbststimmung. Die Trauben hingen reif bis zum Boden. Die Beeren für den schweren »Roten«, der in dieser Gegend dickflüssig wie ein Aperitifwein und süß wie ein Marsala ist, konnten bald geerntet werden. Es gab alle Hände voll zu tun.
»Komm mit, was sollst du hier noch in der Stadt.« Ergi ließ nicht locker. Sie nahm mich zu ihren Großeltern mit, denn sie merkte, wie verzweifelt ich darüber war, allein in der zerstörten Stadt zurückbleiben zu müssen.

Das Leben in dem Bauernhaus war ein heilloses Durcheinander. Saisonarbeiter kamen und gingen. Überall in den Höfen der Weingüter, wo die alteingesessenen Winzerfamilien um diese Jahreszeit mit der Weinlese beschäftigt waren, gab es braune Berge von Weintraubenschalen und -stielen. Es roch nach dem Trester vom Vorabend, säuerlich und bitter zugleich. Die Menschen tranken und lachten, und in der milden Herbststimmung war es, als könnten wir für einen Augenblick den ganzen Spuk vergessen.
Für einen Augenblick.
Denn unten in der Stadt hörten wir die Sirenen heulen, nicht allzu weit entfernt grollten die Kanonen wie ein böses Echo über der Landschaft. Aus den Trümmern stiegen Rauchwolken hoch.
Die letzten Zuckungen eines brutalen Krieges.

Auf dem Bauernhof mangelte es nicht an Arbeit. Wir krempelten alle die Ärmel hoch, und ich war glücklich, mich als Dank für die Gastfreundschaft nützlich machen zu können. Ergis Mutter nahm mir meine Hemmungen, schloß mich in die Arme und sagte: »Nun habe ich noch eine Tochter dazubekommen.«
Auf dem Weingut fühlte ich mich wohl. Alle waren freundlich und verständnisvoll. Die Atmosphäre war so beschwingt und fröhlich, wie sie unter diesen Umständen nur sein konnte. Ergis Großvater liebte mich genauso wie seine Enkelinnen. Er bemerkte das Kreuz von Iljana auf meiner Brust, und er wußte, daß ich betete. »Maria ist das beste Beispiel einer frommen Katholikin«, betonte er immer wieder, bis mir die Schamröte in die Wangen stieg. Sie

waren einfach alle sehr gut zu mir. Wir vier Mädchen, Ergis beide Schwestern, Ergi und ich, verstanden uns ausgezeichnet. Wir flachsten herum, gingen mit zur Weinernte und lebten für eine kurze Zeit im Gefühl der freien, unbeschwerten Jugend. Sonntags besuchten wir die Nachbarskinder. Überall herrschte eine recht ausgelassene Stimmung.
Eines Tages waren wir bei Freunden der Familie im nächsten Dorf eingeladen. Nachdem Ergi geläutet hatte, erschien in dem breiten Eingang des feudalen Hauses ein schüchternes Hausmädchen. Es war eine Jüdin. Ich wußte es auf Anhieb.

Auch nachdem wir alle zusammen nach einem fröhlichen Nachmittag wieder zu Hause angekommen waren, ließ mich der Gedanke an dieses schmächtige Mädchen nicht mehr los. In meinem Herzen spürte ich Stolz. Stolz auf die Überlebenden. Ein paar Tage später trieb mich die Neugierde wieder an dem wunderschönen Haus vorbei. »Können Sie mir den Weg ins Tal zeigen, ich habe mich verlaufen?« fragte ich das Mädchen, als es mir die Tür aufmachte.
»Wo kommen Sie eigentlich her?« wollte ich wissen. »Aus Rumänien oder Ungarn?«
»Aus der Karpaten-Ukraine«, antwortete sie. »Ich bin Ruthenin. Hier arbeite ich erst seit ein paar Monaten.« Sie war sichtlich auf der Hut. »Meine Eltern sind arm, und ich habe viele Geschwister. Als Älteste mußte ich mir eine Haushaltsstelle suchen«, fügte sie hinzu.
»Ja?« staunte ich. »Wie ich.«
Wir schauten uns wortlos an und wußten alles.

Viele Jahre nach dem Krieg traf ich sie in Brooklyn auf einer Bar Mitzwa wieder. Sie erkannte mich sofort. Sie hatte einen amerikanischen Bauunternehmer geheiratet und vier Kinder bekommen. Als wir uns erkannten, fielen wir einander in die Arme. Wir waren uns sehr nahe, auch wenn wir nur ein einziges Mal in einem Türeingang miteinander gesprochen hatten.

Die friedliche Stimmung über den Weinbergen war eine Illusion. Es braute sich etwas zusammen. Jeder Tag brachte neue Gerüchte.
Die Russen waren im Anmarsch.
Ergis Eltern wollten, daß wir Mädchen versteckt werden.
»Alle Frauen, auch die älteren, sollen sich verstecken«, riet der Großvater. »Die Russen sind unberechenbar.«
So wurden wir alle in den Schweinestall ausquartiert. Das trockene Heu, den Staub und den widerlichen Gestank der Schweine habe ich heute noch in der Nase. Nächtelang schliefen wir Mädchen versteckt hinter den schmatzenden Tieren im Stroh.
Es war unsere Rettung.
Nicht nur die Kollaborateure flohen. Aufgescheuchte Menschen zogen mit vollgepackten Böllerwagen, Pferdeanhängern und Kinderwagen über Feld und Flur. Verfolgt und vertrieben. Mütter, Kinder, Greise und Tiere.
Die Stimmung unter der Bevölkerung war gereizt, alle waren ratlos.

Wir blickten in die Zukunft.
Bald würde der Spuk vorüber sein.
Bald würde ich nach Hause können, meine Mutter und

meine Schwester, Iljana und Anna, wiedersehen. Wenn ich daran dachte, war ich außer mir vor Freude.
Wie mochte es ihnen wohl ergangen sein? Ob meine Mutter trotz Polis Schicksal mit Golde nach Budapest gefahren war?
Über ein Jahr war ich jetzt in Satmar. Ohne eine einzige Nachricht.
So haben wir sehnsuchtsvoll auf die Befreiung gewartet. Langsam stabilisierte sich die Lage. Der russische Kommandant ließ in Satmar Plakate anschlagen mit der Aufforderung an die Bevölkerung und das Militär, sich diszipliniert zu verhalten. Endlich gab Großvater Entwarnung. Und an einem Sonntag, Anfang Mai 1945, haben wir uns zum ersten Mal, nach vier langen Wochen, wieder an die Luft getraut, fast erstickt vor Staub und Dreck.
»Ist der Krieg jetzt wirklich zu Ende?« wollte ich wissen. Keiner ahnte, was dies für mich bedeutete.
Was war aus all den verschollenen, vertriebenen und geschändeten Menschen geworden?
Was war aus den Juden geworden? Würden sie heimkommen? Wer lebte noch?

Ich war befreit, aber ich lebte nach wie vor mit falschen Papieren. Wer würde mir neue ausstellen und mir glauben, wer ich wirklich war?

»Ich bin eine Jüdin«, sagte ich Ergi unvermittelt eines Tages und erzählte ihr alles: von unserer Vertreibung, dem furchtbaren Marsch durch Galizien, von der Flucht über die Karpaten, den einsamen Jahren in Budapest, von der ersten Zeit in Satmar und schließlich von dem, was sie miterlebt

hatte, ohne meine Identität zu kennen. »Kannst du dich noch an die traurige Situation mit dem jüdischen Baby auf dem Bahnhof erinnern und an die Reaktion von Inspektor Schuff?« fragte ich sie. Ergi wußte genau, wovon ich sprach. »Tatsächlich«, sagte sie, »dein Verhalten hat mich damals abgestoßen.«
Nun wußte sie alles: Ihre Freundin, Maria Buza, war eine Jüdin. Seit 1941 auf der Flucht.
»Manchmal wunderte ich mich schon«, meinte sie. »Du wolltest nie mit Jungen zu tun haben. Ich fand das albern.«
Nun war ihr alles klar, auch warum ich mich von christlichen Jungen ferngehalten hatte.
Auch Ergis Eltern und Großeltern reagierten natürlich überrascht, aber zugleich gütig und mitfühlend. »Ich bin stolz, auch ein wenig zu deiner Rettung beigetragen zu haben«, sagte die Mutter und kniff mich freundlich in die Wange.

Ergi heiratete später einen polnischen Juden und wanderte nach Israel aus. »Vielleicht bin ich eine Jüdin«, sagte sie damals lachend. »Meine Mutter hat viel bei Juden gearbeitet. Wer weiß?!«
Ich habe sie nicht mehr gesehen, seit sie Europa verlassen hat.

XII

Mai 1945
Der letzte Heimweg

Manchmal sage ich mir, daß ich den Ort, an dem ich geboren bin, wo ich laufen und lieben lernte, niemals verlassen habe: Das Universum ist nur die unendliche, vergrößerte Projektion dieser kleinen Stadt irgendwo in Siebenbürgen, genannt Marmarosszighet.

Elie Wiesel

Nach der Befreiung blieb ich noch ein paar Tage auf dem Weingut in der wohltuenden Obhut meiner Gastgeber. Aber ich war unruhig. Ich wollte nach Hause. Der Kontakt zu den Geller-Mädchen aus Nove Barovo war abgebrochen, seitdem ich bei Ergis Großeltern lebte. Wir hatten monatelang nichts mehr voneinander gehört. Was war aus den beiden geworden?
Ich wollte zur russischen Kommandantur, mir einen neuen Paß ausstellen lassen und nach Nove Barovo zu meiner Mutter fahren. Aber ich hatte Angst. Sich als junges Mädchen alleine auf die Straßen zu wagen, um nach Hause zu marschieren, war fast Selbstmord.
Vergewaltigungen, Plünderungen, Racheakte und Raub waren an der Tagesordnung. An wen sollte ich mich wenden? Ich kannte niemanden.
Mir fiel der Jude Zinger ein, der wegen seiner Kriegsverdienste 1914–18 nicht deportiert worden war. Ich machte mich auf den Weg, klingelte am Hause des frommen Chassids und bat ihn um Hilfe. Der weißbärtige alte Jude hörte mich geduldig an. Wir sprachen jiddisch, und ich erzählte ihm alles von Nove Barovo, Bela und Lelu, von mir und den falschen Papieren.

»Kann ich zur russischen Kommandantur gehen und einfach sagen, ich sei Jüdin und möchte nach Hause?« fragte ich den weisen Mann. »Werden die mir glauben?« wollte ich wissen, »und wer kann meine Identität bestätigen?«
Zinger beruhigte mich und erkundigte sich erst einmal in Satmar nach den beiden Gellers. Mit Erfolg. Endlich sah ich die beiden Mädchen wieder.
Hilfsbereit begleitete Zinger uns zur russischen Kommandantur und sprach dort für uns Mädchen vor. Wir bekamen einen gültigen Paß mit unseren richtigen jüdischen Namen und eine Reisegenehmigung.

»Wie kommen wir aber jetzt bloß nach Hause?« fragten die Geller-Schwestern voller Angst. »Alles ist zerstört.«
Die Bahnhöfe waren bombardiert worden, die Gleise zerstört, Personenzüge fuhren schon längst nicht mehr, und die Flüsse konnte man nur mühsam mit Flößen überqueren. Überall waren russische Militärlastwagen unterwegs. Sie nahmen manchmal auch Flüchtlinge mit, aber wir Mädchen trauten uns nicht, mitzufahren. Tagelang standen wir am Straßenrand und hofften, von einem Zivillastwagen mitgenommen zu werden. Aber es gab nur wenige Wagen. Wie Trauben hingen die Menschen an den überfüllten Lastern.
Jeder wollte wegkommen, irgendwohin.
Wir harrten tagelang aus, bis uns endlich ein gutmütiger Fahrer zusteigen ließ.

Ich war ganz fest davon überzeugt, daß meine Mutter und meine kleine Schwester noch am Leben waren. In dieser Stimmung trat ich die Heimreise an.

Mit Sack und Pack aneinandergedrängt, standen die Menschen auf der Ladefläche des keuchenden Lastwagens, der sich langsam über die Schlammstraßen quälte.
Quer durch eine vollkommen zerstörte Landschaft. Zwischen bunt gekleideten Rutheninnen entdeckte ich zwei ältere Männer. »Das sind Juden«, dachte ich mir, aber scheute mich, sie anzusprechen, bis sie über die Köpfe der anderen hinweg mit uns auf Ungarisch zu flachsen begannen. Ab und zu fiel ein jiddisches Wort. Das Eis war gebrochen.
Jakob Fuks und Icig Ornstein kamen aus Tacevo, unserer Kreisstadt, und versuchten ebenfalls, nach Hause zu kommen. Wir Mädchen fühlten uns erleichtert. In männlicher Begleitung war das Abenteuer der Heimreise nur halb so riskant.
In Bixad, einer Kleinstadt im heutigen Rumänien, machte der Lastwagen bei Einbruch der Dunkelheit den ersten Stopp. Da es weit und breit keine Bleibe gab, gingen wir zur Kommandantur. Nach endlosem Warten auf dem Flur empfing uns ein dunkelhaariger, etwa dreißigjähriger Mann. Er war Jude, hörte sich unsere Geschichte an, besorgte uns ein Hotelzimmer und stellte uns für die Heimreise am nächsten Tag ein Auto zur Verfügung.
Wir waren überglücklich. Nun konnte nichts mehr schiefgehen.
Ich war sehr verwundert, als unsere jüdischen Begleiter mich nach dem Gespräch in der Kommandantur alleine sprechen wollten. Sie übermittelten mir einen Heiratsantrag. »Der russische Jude, der Kommandant, will dich auf der Stelle unter die Chupa bringen«, behaupteten Jakob und Icig.

»Der Mann muß verrückt geworden sein«, dachte ich ganz verwirrt.
Ich war ein ahnungsloses junges Mädchen und hatte bei Gott etwas anderes im Kopf als Männer.
Ich wünschte mir nichts sehnlicher, als so schnell wie möglich zu meiner Mutter zu kommen, und wollte endlich nachholen, was ich die ganze Zeit versäumt hatte: die Schule.
Vierzehn war ich, als der Spuk angefangen hatte. Jetzt war ich achtzehn.
Mehr als vier Jahre waren mir gestohlen worden, und ich mußte viel nachholen. Ein Ehemann war das letzte, an was ich dachte.

Am nächsten Tag reisten wir weiter. Die Fahrt zog sich schier endlos hin, und die Ungeduld war groß. Unsere Gedanken und Worte kreisten um Nove Barovo und unsere Mütter, die im Bunker zurückgeblieben waren.
Bela kaute unentwegt auf ihren Nägeln herum, und Lelu starrte vor sich hin, tief in sich zusammengekauert. Je näher wir der Heimat kamen, um so nervöser wurden wir.
Kurz vor Tacevo ging das Auto kaputt, und wir pilgerten zu Fuß weiter, bis wir von Bauern auf dem Pferdewagen ein Stück mitgenommen wurden.

Dann sahen wir endlich in der Ferne Bustino liegen. Mein Herz raste.
Wie vertraut war mir dieses Städtchen.
Der Frühsommer lag über den satten Äckern, es roch nach Mist und Mais, nach Gras und Vieh, und der Duft machte mich schwindelig vor Freude.

Die ärmlichen Holzhäuschen mit ihren abgeschrägten Dächern standen unverändert geduckt da, mal blau oder gelb gestrichen, und die Leute auf der Lehmstraße schleppten wie eh und je ihr Bündel Reisig. Meine Heimat.
Ich wünschte mir, dieses Hochgefühl könnte ich für immer festhalten.

Beschwingt und voller Zuversicht liefen wir über die staubigen Wege nach Nove Barovo.
Der letzte Heimweg.

Zigeuner kamen uns über die Felder entgegen. Vertraute Gesichter, vertraute Menschen aus unserem Dorf. Ein buntes Grüppchen, Frauen in blumigen, langen Röcken, Männer in zerrissenen Arbeitskitteln und barfüßige Kinder.
Sie erkannten uns und fingen sofort an zu erzählen.

Sie hatten nichts Gutes zu berichten.

»Fünf Wochen vor Kriegsende sind sie von den ungarischen Gendarmen abgeholt worden, eure Mütter und Golde«, sagte Patachi und schaute verlegen auf seine staubigen Schuhe. Über Floras dunkelhäutiges, zerfurchtes Gesicht liefen Tränen. »Wir wissen nicht, wo die drei hingebracht worden sind«, sagte sie und schaute zum Himmel. »Sie müssen wohl noch nach Auschwitz gekommen sein.«

Ich wollte nicht mehr nach Hause. Ich weigerte mich, weiter nach Nove Barovo zu gehen, und die Geller-Mädchen brachten mich zu Doktor Davidowitz nach Bustino. Während der Verfolgungszeit war Pal Davidowitz mit seiner Familie bei Christen untergetaucht und hatte in den Karpaten den Holocaust überlebt. Er stammte aus Rachov und war der letzte jüdische Arzt weit und breit. Als angestellter Regierungsarzt betreute er damals die Bevölkerung Bustinos und die der umliegenden Dörfer. Nach dem Krieg übersiedelte er nach Israel, wo er in Haifa eine Praxis eröffnete.

In jenem Frühsommer 1945, als ich nach Nove Barovo zurückkehrte, empfing mich der gütige Mann wie ein Vater, er tröstete mich und versuchte mich zu beruhigen.

Meine Mutter und Golde, tot, verloren in der namenlosen Masse der Toten, unter Tausenden von Leichen irgendwo in Auschwitz. Sie sollten vergeblich umhergeirrt sein, kreuz und quer durch Osteuropa, getrieben von ihrer Hoffnung auf Erlösung? Ich glaubte es nicht. Wollte es nicht glauben. Ich war leer und taub.

Patachi und Flora erzählten im Dorf aufgeregt von unserer Rückkehr. Die Nachricht verbreitete sich wie ein Lauffeuer. Im Nu wußte ganz Nove Barovo, wie es uns ergangen war. Auch Iljana erfuhr von meinem Zusammenbruch. Sie kam umgehend zu Davidowitz und überredete mich, zu ihr nach Hause zu kommen.
Der Landarzt hatte Bedenken, ob ich es verkraften könnte, mit all dem wieder in Berührung zu kommen, was mich im Dorf an schlechte und gute Tage erinnern würde. Er wußte, wie schmerzlich diese Erinnerung sein würde, doch schließlich ließ er sich von Iljana überzeugen. »Ich

bin wie eine Mutter für Yudka«, beteuerte die Ruthenin. »Ich kenne sie seit ihrer Geburt.«

Und so nahm Iljana mich mit nach Hause und erzählte mir schließlich alles haargenau.

Noch vier Juden seien im Dorf versteckt, hatte ein junger Ruthene, der wohl zu tief ins Glas geschaut hatte, zu den ungarischen Gendarmen an der Theke gesagt, um sich vor ihnen aufzuspielen. Nach dem Gelage haben sie den geschwätzigen Wladimir unter Druck gesetzt, bis er alles ausplauderte und ihnen die Verstecke zeigte. Mutter, Golde und Frau Geller wurden abgeführt, und auch Iljana mußte mit. »Die Mörder wollten unbedingt wissen, wo der vierte war, was mit dir passiert ist«, sagte sie und zitterte vor Zorn. Man hatte sie geprügelt und gefoltert.

Iljana war standhaft geblieben. Sie hat mir das Leben gerettet.

Noch heute lebt die gute Bäuerin in Nove Barovo, fast neunzig Jahre alt, Feld, Wald und Schlammwege kriechen bis vor ihre Tür, und in ihrem Häuschen gibt es nach wie vor weder Strom noch fließendes Wasser.

Zwischen Ofen und Eisenbett wartet sie auf den Tod. Diese großartige Frau hat Nove Barovo nie in ihrem Leben verlassen. Sie war erdverbunden, treu und aufrichtig. Sie war sie selbst. Wer hat jemals in den großen Gedenkbüchern ihren Mut beschrieben?

Wer hat sie jemals erwähnt zwischen den Widerständlern, den Gerechten?

Diese einfache Ruthenin, die mich als Kind in den Armen gehalten hatte, wenn ich barfuß durchs Gestrüpp über einen Stein gestolpert war und geweint hatte. Diese gütige

Bäuerin, die mit meiner Mutter und uns ihr einziges Stück Brot geteilt hatte.
Sie braucht kein Denkmal.

Auch die Geller-Mädchen waren zutiefst verstört, weil sie ihre Mutter nicht mehr angetroffen hatten.
Nove Barovo war nicht mehr unser Dorf.
Das jüdische Leben war ausgerottet.
Die zweiundfünfzig Häuschen, die wir Juden 1941 verlassen hatten, waren längst von Ruthenen möbliert, mit fremdem Leben und einer fremden Seele erfüllt. Die Äcker waren neu bestellt, die Synagoge geschlossen, der jüdische Friedhof überwuchert, der Duft der koscheren Küche verflüchtigt, die frommen Schreie meines Volkes zum Himmel verhallt, die schwarzen Schatten, demütig ins Gebet versunken, für ewig verstummt.

Wir waren überflüssig, fremd.

Das Rauschen der seidenen Kaftane am Sabbat, der Duft der Challes, der aus den kleinen, ärmlichen Küchen strömte, der umtriebige Fleiß der frommen Frauen, Purim, Pessach, die Beschneidungen der kleinen Jungen und die fröhlichen Bar Mitzwas. Fort. Verwüstet. Auf ewig.

Wir haben Nove Barovo wieder verlassen.
Schweigend.

Nur von Iljana nahm ich Abschied. Sie reichte mir die letzten Habseligkeiten meiner Mutter und drückte mich an sich. »Yudka«, sagte sie, »höre mir gut zu: Vergiß nie, wer

du bist, eine gläubige, tapfere Jüdin. Gedenke deiner mutigen Mutter und heirate nie jemanden, den sie nicht akzeptieren könnte.« Iljana, diese fromme Katholikin.
Ihre Toleranz und Güte hat mich mein Leben lang begleitet.

Bustino war von Krieg und Verfolgung gezeichnet. Juden suchten verzweifelt nach übriggebliebenen Verwandten, aber ganze Familien waren ausgerottet. Jüdische Kinder unter fünfzehn Jahren und ältere Menschen über fünfzig gab es nicht mehr.
Nach der Befreiung wurde für die wenigen, die zurückkamen, im Hause Wolf eine öffentliche Küche eingerichtet. Wer nicht wußte, wo er hinsollte – und von ihnen gab es viele – konnte dort auch übernachten. Die öffentliche Küche wurde nicht subventioniert, sondern aus eigener Kraft von der kleinen jüdischen Gemeinschaft betrieben. Alle Synagogen und Gebetshäuser waren zerstört. Bustino war eine einzige Ruine. In der »Zentrale Shul« richteten die Überlebenden ein Zimmer zum Beten und eines für die gläubigen Jüdinnen ein. Zwischen 1945 und 1947 kamen etwa dreißig Familien zurück. Die meisten stammten jedoch nicht aus Bustino, sondern aus den benachbarten Ortschaften. Nur mit Mühe richteten sie sich wieder ein.
Die Nachkriegsatmosphäre war bedrückend. Keiner traute dem anderen. Wer hatte kollaboriert? Wer hatte Juden verraten? Wer hatte unschuldige Menschen den Henkern ausgeliefert?
Die Geschichte des jungen Brandsteins, der nach seiner Freilassung aus dem Konzentrationslager wieder nach Hause kam, war bezeichnend für die Situation. Auf dem

Wege zu Wolfs Küche – der junge Jude trug noch seine Lagerkluft – begegnete er einem einheimischen Ruthenen. Dieser Mann hatte mit den Nazis kollaboriert und war an den Deportationen der Juden beteiligt gewesen. Brandstein erkannte ihn sofort, obwohl der Ruthene inzwischen die Uniform der kommunistischen Militia angelegt hatte und in den Straßen von Bustino für Recht und Ordnung sorgen mußte. Der übereifrige Polizist schnappte sich den von Entbehrungen gezeichneten Brandstein, schleppte ihn zum Bahnhof und teilte ihn zur öffentlichen Arbeit ein. Der junge Jude sollte Kartoffeln für die Rote Armee schälen.

Alle seine Proteste waren vergebens, bis ihn Stunden später der für die Küche zuständige russische Sergeant laufen ließ.

Nichts hatte sich geändert.

Die Behörden hatten Mutters Vetter, Mosie Herz, der als einziger von unserer Familie aus Auschwitz zurückgekommen war, ein großes Haus in Bustino zur Verfügung gestellt. Er nahm mich wie seine Tochter auf, denn er hatte seine ganze Familie, seine Frau, die Tochter und zwei Buben in Auschwitz verloren. Das große Haus stand jedem offen. Alles traf sich dort: verwahrloste, verzweifelte Juden, die die Lager überlebt hatten und dort fürs erste ein Zuhause fanden.

»Du kannst auch zu uns ziehen«, sagte Doktor Davidowitz, der Töchter in meinem Alter hatte. »Deine Mutter war mir eine gute Freundin«, betonte er, um mir die Hemmungen zu nehmen. Aber ich wollte nicht so recht.

Ich war schiffbrüchig und versuchte, mich recht und schlecht neu zu orientieren.
Wie viele andere auch.

Die Verstorbenen, Verschollenen, Vergasten waren unsere Schatten. Zaghaft lernten wir, damit umzugehen.

Im Hause Mosie Herz traf ich die Schwestern Rosa und Rita Goldstein, mit denen ich mich sofort anfreundete. »Laßt uns nach Chust in die jüdische Mensa fahren«, schlug Rosa vor. »Dort treffen sich alle, die aus den Lagern gekommen sind. Wer weiß, wen wir dort wiedersehen.« Rosa, Rita und ich waren überglücklich, wieder frei und unbefangen jüdische Einrichtungen aufsuchen zu können und öffentlich miteinander umgehen zu dürfen. Doch im Speisesaal der Mensa von Chust schaute man uns ablehnend an, als kämen wir von einem anderen Planeten. Die jungen Männer und vor allem die Mädchen, die aus den Konzentrationslagern zurückgekehrt waren, sahen gespenstisch aus. Sie waren bis auf die Knochen abgemagert, ihre dunklen Augen schauten aus tiefen Höhlen, und ihre Haare waren geschoren. Rosa, ihre Schwester, und ihr Bruder waren während des Krieges wie ich untergetaucht, und wir Mädchen trugen lange Haare. Meine Zöpfe baumelten wie eine freche Herausforderung auf meinem Rücken. Nicht ein einziges jüdisches Mädchen in der koscheren Mensa in Chust trug lange Haare, geschweige denn dicke Zöpfe.

Wir waren alle dünnhäutig.
Alle schoben ihr Schweigen vor sich her.
Die Gerüchte, die Russen würden die Karpaten-Ukraine

annektieren, wurden immer lauter. Die meisten Juden zogen es schließlich vor, doch wieder wegzuziehen. In das Sudetenland oder nach Prag. Manche emigrierten nach Palästina auf der Suche nach einer ersten Linderung und vielleicht einer besseren Welt. Das Joint-Komitee erhielt in der Karpaten-Ukraine für Sonderaktivitäten keine Erlaubnis. Joint-Hilfe gab es in Bukarest. Das sprach sich herum. Die Geller-Mädchen beschlossen, nach Satmar zurückzugehen. In dieser größeren Stadt gab es eventuell Arbeit. Ich schloß mich Bela und Lelu an.

1947 verboten die neuen kommunistischen Führer in Bustino den Juden das Beten in öffentlichen Räumen. Die Chassidim zogen sich wieder in ihre Privathäuser zurück. Der Antisemitismus trieb neue Blüten.
Das charmante bürgerliche Städtchen, wo es so mancher kreative jüdische Geschäftsmann zu Wohlstand gebracht hatte, verlor für immer seine chassidische Identität.
Der jüdische Friedhof, der erst Ende des vorigen Jahrhunderts angelegt worden war, liegt heute völlig verwildert hinter einer brüchigen Mauer. Ziegen und Schafe kommen zum Weiden hierher, scheue Katzen bevölkern ihn. Nur zwei Davidsterne am rostigen Tor, weit hinten in einem ruthenischen Garten, weisen den zerstörten Weg zu den schiefen Grabmalen. Die ewige Ruhestätte. Seit Jahren verwaist. Nur ab und zu kommen Besucher aus Amerika, Australien oder Israel.
Vereinzelte Zeugen einer entwurzelten Generation? Auf dem Umweg zu sich selbst oder ihrem Ursprung? Die alte Ruthenin im Vorderhaus verwahrt die Schlüssel und reicht gegen ein paar Dollar Kopftücher und Käppis.

XIII

1945–1950
Mein neues jüdisches Leben

Ausgesetzt
In einer Barke von Nacht
Trieb ich
Und trieb an ein Ufer.
An Wolken lehnte ich gegen den Regen.
An Sandhügel gegen den wütenden Wind.
Auf nichts war Verlaß.
Nur auf Wunder.
Ich aß die grünenden Früchte der Sehnsucht,
Trank von dem Wasser, das dürsten macht.
Ein Fremdling, stumm vor unerschlossenen Zonen,
Fror ich mich durch die finsteren Jahre.
Zur Heimat erkor ich mir die Liebe.

Mascha Kaléko

In Satmar erfuhren wir mehr über die amerikanische Joint-Hilfe in Bukarest. Viele fuhren hin, auch ich. Dort traf ich Fraidu Rizel, meine Freundin aus dem Budapester Mädcheninternat. Sie war in der ungarischen Hauptstadt nur knapp dem Tode entkommen. Ihre ältere Schwester drängte sie bei der Paßkontrolle durch die Deutschen geistesgegenwärtig, sich mit dem Ausweis ihrer viel jüngeren Schwester, die bereits kontrolliert war und deren Paß ihr zugespielt wurde, einzureihen. Es fiel den SS-Männern nicht auf. So gehörte sie zu den Glücklichen, die 1944 in Budapest noch freigekauft werden konnten.

Im Joint-Büro gab es für jeden von uns Geld. Dafür kaufte ich Streichhölzer, Tabak und Rasierklingen. Meine Beute aus Bukarest war auf dem Satmarer Schwarzmarkt Gold wert. Ich wollte nach Palästina. Die Joint-Hilfe organisierte illegale Schiffspassagen, und ich hatte meine Karte für die Überfahrt bereits in der Tasche. Mein Schiff, die »Schukka«, sollte in Konstanza ablegen.

Aber es kam alles ganz anders. Satmar hielt mich gefangen. Ich lernte Samuel Kalman kennen, und so erledigten sich meine Palästina-Pläne von selbst. Später erfuhr ich, daß die »Schucka« untergegangen ist.

Die Geller-Schwestern zogen in Satmar mit ihren drei Brüdern, die aus den Lagern zurückgekommen waren, in ein großes Haus. Dort konnte ich nicht unterkommen. So führte mich mein erster Weg zu Ergi, meiner ungarischen Freundin, mit der ich bis kurz vor Kriegsende auf dem Weingut ihrer Großeltern gelebt hatte. »Wie schön, daß du wieder da bist«, sagte ihre Mutter mit strahlendem Lächeln und nahm mich sofort mit offenen Armen auf.
Aber wie sehr ich Ergis Eltern auch liebte und schätzte, so vermißte ich doch das jüdische Leben, das koschere Essen, die täglichen Gebete, die Sabbatfeier und all die liebgewonnenen jüdischen Traditionen.
Ich fühlte mich einsam und entwurzelt.

Unterwegs, auf der Suche nach Arbeit, schallte mir eines Tages aus einem offenen Fenster »Yudka!« entgegen. Ein Mädchen schaute mich neugierig an und rief: »Erkennst du mich nicht mehr?« Es war Gisi, die Tochter des Bustinoer Notars, deren Bruder mich während meiner Zeit bei der Deutschen Wehrmacht so fragend angeschaut hatte. Gisi war vom Leben im KZ bis zur Unkenntlichkeit gezeichnet. Sie lehnte blaß und völlig entstellt im Fenster des Hauses, und mir drehte sich das Herz im Leibe um. Ihr wuchsen die ersten spärlichen Kopfhaare. Sie war dem Tod in Auschwitz nur knapp entronnen. Samuel Kalman, in Satmar aufgewachsen, aber väterlicherseits aus Chust stammend, war ihr Vetter und hatte sie in seinem Haus aufgenommen. Gisi Rosenberg lebt heute in Israel und heißt Frau Mendlewitsch.
»Wir kochen koscher«, schrie mir Gisi entgegen. »Komm rein und setz dich mit an den Tisch.« Es lockte mich sehr.

Aber ich war schüchtern und ängstlich. Die langen Jahre der inneren Isolation hatten mich geprägt. »Ich wohne bei einer christlichen Freundin«, erzählte ich Gisi. »Ohne Arbeit ist mir eine eigene Wohnung einfach zu teuer.«

Gisi bemerkte meine Unsicherheit. »Dann komm wenigstens am Sabbat«, rief sie mir nach, und es klang wie Musik in meinen Ohren.
Ich habe die Einladung angenommen.

Der erste karge Sabbatabend in Satmar wird mir immer im Gedächtnis bleiben.
Lange bevor »der erste Stern zum Himmel steigt«, stand ich vor der Tür meiner Gastgeber. Samuel Kalman machte mich sofort mit den anderen bekannt, mit seinen Freunden Joly Apfelbaum und Srul Stein und den übrigen jungen Juden, die alle hier lebten. Ich war befangen. Mein Herz war schwer vor Wehmut.
»Gut Schabbes!« Wie lieb hatte ich diese beiden schlichten Worte und wie lange hatte ich auf dieses traditionelle Familienfest verzichten müssen. Ich dachte an meine Mutter, wie sie immer in Gedanken versunken ihre beiden Kerzen angezündet hatte, um anschließend die Hände segnend, schweigend und mit geschlossenen Augen, über die unruhig flackernden Flammen zu halten. Auf dem sauberen, festlichen Tisch stand der Wein und lagen die beiden leichten, beim Backen aufgegangenen Challes, der Stolz der jüdischen Hausfrau. Bereit zum Kiddusch.
Dieser warme, betörende Duft der selbstgemachten Hühnerbrühe, »klar wie Bernstein«, mit den großen weißen Bohnen, die Kartoffelkichla und der gefilte Fisch mit pi-

kanter oder süßlicher Schmiel Galushka, Eir Kichlah und Linzertorte.
Welches jüdische Kind kennt nicht dieses erfüllende Erlebnis und dieses Gefühl, daß es »gut ist, ein Jude zu sein«.
Wir jungen Leute in Satmar brachten alle unsere Hoffnungen mit, unsere bitteren Geheimnisse und die pietätvolle Erinnerung an unsere Mütter.
Wir waren sechzehn Jungen und Mädchen, eigentlich noch Kinder, und kannten einander kaum oder gar nicht. Jeder schluchzte vor sich hin und dachte an all jene, die nie mehr wiederkehren würden. Ich habe das Essen hinuntergewürgt.

»Zieh zu uns«, versuchten sie mich alle zu überreden, »es gibt hier im Hause Platz genug.«
Ich wußte, hier gehörte ich hin. Hier waren wir unter uns. Das war meine Welt.
Nach der dritten Sabbatmahlzeit vollzogen wir erfüllt die Hawdala, die fromme Abschiedszeremonie. Uns fehlte zwar die traditionelle turmförmige Holzdose für das duftende Gewürz, aber wir glaubten trotzdem fest an das gute Omen für die kommende Woche. Das war Tradition.

Ein neues jüdisches Leben begann.
Ich brauchte es nur zu greifen. Unbeholfen tastete ich mich vor. Nur die Zeit hatte keine Geduld mit mir.

Nach den besinnlichen Stunden zog der ganze Trupp fröhlich los. Nur zögernd schloß ich mich den anderen an. Mir war überhaupt nicht nach Jubeln, Tanzen und Spaß. Die Melancholie des Sabbatabends ließ mich nicht los. Unterwegs trafen wir andere junge Juden, und es dauerte nicht lange, da waren wir fast vierzig. Im städtischen Theater wurde von einer jüdischen Gruppe aus Bukarest »Maseltov« aufgeführt. Das Stück war rührselig, schlecht gespielt und langweilig. Ich ärgerte mich über mich selbst. Warum hatte ich mich zum Mitkommen überreden lassen? Junge Männer interessierten mich nicht und machten mich befangen, auch wenn Gisi mir ständig von ihrem Cousin Samuel Kalman vorschwärmte und mir weismachen wollte, Ferri Grün sei verrückt nach mir.

Ich hatte andere Sorgen, und ich traute niemandem. Traurig schlich ich durch die Dunkelheit nach Hause, dachte an Golde und Mama, an Iljana und Onkel Schlomo, an Nove Barovo und an alles, was nun niemals mehr sein würde.

Ich spürte, daß mich jemand beobachtete. Samuel Kalman kam mir entgegen. Er schaute mich mit seinen klaren Augen eindringlich an, legte seine Hand auf meine Schulter und sagte unvermittelt: »Ich möchte dich heiraten.« Ich war verwirrt, rang nach Luft und suchte nach Worten. Der Antrag kam mir zu plötzlich, wie ein Überfall vor.

Aber mein Verehrer blieb beharrlich.

»Morgen ist es zu spät«, sagte er in aller Bestimmtheit. »Dann werde ich den Mut, dich nochmals zu bitten, nicht mehr aufbringen.« Er bestand auf einer Antwort und meinte es bitterernst.

Natürlich wollte ich noch nicht heiraten, auch wenn seine Familie aus Chust, aus meiner Heimat, stammte, auch wenn er fleißig, ehrlich und gütig schien, auch wenn er mich glücklich machen wollte.

»Laß mich nachdenken.«

Ich wollte Zeit gewinnen.
»Ich kann nichts übers Knie brechen«, sagte ich kleinlaut. Was waren meine Träume, meine heimlichen Wünsche? Wollte ich nicht nach Palästina oder nach Belgien zu meiner Tante? Weit weg aus dieser verfluchten Gegend. Heiraten schien mir ein Alptraum. Was hatte meine Mutter von ihrer Ehe gehabt? Einen Mann, der sich nie um sie gekümmert hatte, sie allein mit zwei kleinen Kindern zurückließ, ohne Auskommen. Nur leere Versprechungen. Zudem hatte meine Mutter mich nie in die Männerwelt eingeführt. Wann hätte sie das auch tun können?
Ich war prüde, unerfahren und ungelenk und stand mit meinen Zweifeln alleine da.
Wie wäre es gewesen, wenn meine Mutter und die große jüdische Familie die Hand über mich gehalten, mir manche wichtige Entscheidung abgenommen hätten, so wie es die Tradition vorlebt? Der Trost dieser Geborgenheit und die festen Regeln der Familie fehlten mir. Ich hatte keine Mutter, keinen Vater, keine Geschwister, und meine Verwandten in Belgien waren weit.

Samuel war ein gutaussehender, ausgeglichener junger Mann ohne Vermögen, aber mit enormem Ehrgeiz. Auch ihm waren die jungen Jahre gestohlen worden, die Zeit für eine Ausbildung und das Heranwachsen in der Familie. Auch er mußte aus dem Nichts schöpfen und ohne Rat und Hilfe der vorhergehenden Generation eine Existenz aufbauen. Nach der Befreiung fand er in seinem Satmarer Elternhaus zweihundert Dollar und legte mit dieser kleinen Summe ein Bierlager an. Er kaufte volle Bierfässer, zog das Bier auf Flaschen und verkaufte es en detail weiter. Er

war der geborene Händler, schmiedete verrückte Pläne und arbeitete Tag und Nacht. Irgendwann, wenn er genügend angespart hätte, wollte er wie sein Vater in die Weinbranche einsteigen. Das gefiel mir alles sehr.
»Laß mir Bedenkzeit«, bat ich erneut.
Ich pilgerte jeden Tag zum Bahnhof, in der Hoffnung, eine Nachricht, ein Lebenszeichen meiner Mutter oder meiner Schwester zu erhalten. In der öden Bahnhofshalle des verwüsteten Städtchens waren die Listen mit den Überlebenden aus Auschwitz und allen anderen Lagern angeschlagen. Abgekämpfte Menschen standen tagtäglich verzweifelt vor den Kästen, immer wieder von neuem, und suchten mit starrem Blick unermüdlich nach dem Funken Leben, nach dem Geliebten, dem Vater, der Mutter, dem Kind.
Die fixe Idee, meine Mutter und meine Schwester würden wiederkommen, verfolgte mich jahrelang.
Jahrelang habe ich beim Roten Kreuz und anderen Institutionen nachgefragt und nachgeforscht. Vergebens.
Ich habe nie Abschied von ihnen nehmen können. Ihr Todestag ist mir nicht bekannt.

Auf Samuels Angebot konnte ich nicht eingehen. Ich war zu verwirrt. Ich suchte wieder Arbeit. Mir wurde eine Haushaltsstelle bei einem älteren Herren angeboten, aber beim Vorstellungsgespräch stellte sich heraus, daß dieser Herr keine tüchtige Haushaltskraft suchte, sondern ein junges Mädchen. Ich war entsetzt, wütend, angeekelt. Der Mann hätte mein Großvater sein können. Wie frisch, optimistisch und unternehmungslustig dagegen war der zweiundzwanzigjährige Samuel, der nichts lieber wollte, als mir ein Zuhause, Geborgenheit und Güte bieten.

Kraftlos schaute ich weiter Tag für Tag in den Suchmeldungskasten des Roten Kreuzes. Vielleicht würden mein Onkel in Antwerpen oder meine Tante in Brüssel mich suchen? Ich kannte sie zwar nicht, aber sie hatten vor dem Krieg fleißig Päckchen geschickt und mit meiner Mutter einen intensiven Briefwechsel geführt.
Doch nichts tat sich, und Samuel Kalman blieb hartnäckig. Er drängte auf eine Antwort.
Ich hatte nichts, war nichts und konnte nichts. Das war meine Grundstimmung.
Wäre meine Mutter einverstanden mit meiner Wahl? Mit der Familie Kalman? Würde sie mir ihren Segen geben? Ich dachte an die Worte von Iljana. Nachts erschien Mama fröhlich beschwingt in meinen wirren Träumen. »Gib dir einen Ruck, mein Kind, reiche Samuel die Hand«, redete sie mir mit ihrer klaren, mädchenhaften Stimme zu. Sie war schön und jung wie in ihren besten Jahren. War es nur ein Traum? Oder ein Zeichen des Himmels?

»Ja, ich will«, sagte ich zu Samuel.
Und wir waren wie zwei große Kinder, teilten Freud und Leid und schmiedeten Pläne.
Liebe, eine Mann-Frau-Beziehung, wußte ich, was das war? Nein.
Ich glaubte fest, Samuel würde gut zu mir sein und ich zu ihm und das wäre das Fundament einer Familie.

Mit der Hochzeit wollten wir warten, bis Samuels Vater oder wenigstens ein Familienmitglied aus dem Konzentrationslager zurückkäme.
Wir alle lebten damals von der Hoffnung.

Samuels Eltern und seine vier Geschwister waren nach Auschwitz verschleppt worden, und mein junger Verlobter war fest davon überzeugt, sein Vater würde wiederkommen.

»Wir brauchen seinen Segen«, sagte er entschlossen. »Er wird wiederkommen, und dann können wir heiraten.«

Keiner glaubte an eine Rückkehr. Nur Samuel. Tagtäglich fuhr er zum Satmarer Bahnhof, um Neues von den Ankömmlingen zu erfahren.

Und sein Vater kam wirklich wieder, zusammen mit dem jüngsten Sohn.

Eines Tages stand er, bis zur Unkenntlichkeit abgemagert, er wog gerade noch 38 Kilo, auf dem Bahnsteig. Samuel erkannte den alten Herrn zunächst nicht wieder. Keiner kannte ihn wieder. Nur Itsche Kaiman erkannte seinen ältesten Sohn sofort. Wortlos schaute er ihn an und streichelte ihm langsam über die dichten dunklen Haare. Das Elend der Welt glühte in seinen hellen Augen, die Tragik seiner und unserer Geschichte.

Ich werde diese erste bewegende Begegnung auf dem Bahnsteig nie vergessen.

Samuels Mutter ist in Auschwitz umgekommen. Die drei Schwestern, achtzehn, neunzehn und zwanzig Jahre alt, waren, als sich das Lager von Bergen-Belsen öffnete, völlig ausgezehrt. Die falsche, zu mächtige Ernährung durch die Amerikaner kostete sie dann das Leben. Samuel wurde während des Krieges zum Arbeitsdienst eingezogen und von Arbeitslager zu Arbeitslager geschleppt. Er hat seine eigene, sehr bittere Geschichte.

Nach meiner Verlobung bin ich bei Ergi ausgezogen und habe bei einem Freund von Samuel gewohnt, dessen Haushalt von den Schwestern Stelman geführt wurde. Wenigstens zwei Familienmitglieder von Samuel hatten den Todesmarsch überlebt, und wir waren überglücklich. Ich bekam einen Vater, auch wenn er nicht der leibliche war, und ich liebte ihn sehr.
Ein neues Leben sollte für mich anfangen.
Nachrichten meiner Verwandten aus Belgien über das Rote Kreuz brachten mich noch einmal ins Wanken. Als ich meinen Namen im Suchkasten fand, dachte ich im selben Augenblick: »Ich bin nicht mehr ganz alleine auf der Welt«, und war außer mir vor Freude. Es gab Menschen, die mich haben wollten, die mehr über mich wissen wollten, die nach mir suchten. Ich merkte, wie sich in mir eine Spannung löste. Ich jubelte, sang und sprang vor Seligkeit und erzählte jedem, der es hören wollte, von meiner Tante und meinem Onkel in Brüssel. Ich war wie aus einer Isolation entlassen.
Heiraten? Ich dachte nicht mehr an Heiraten. Ich wollte stehenden Fußes nach Belgien. Diesen Strohhalm greifen, weg aus der Landschaft meiner tiefen Wunden.
Die neue Nachricht warf mich aus dem mühsam erworbenen Gleichgewicht.
Ich ging mit mir ins Gericht.

Nach Vater Kalmans Rückkehr hatte ich ohnehin ernsthaft angefangen, über meine Bindung zu Samuel nachzudenken. Ob ich für diese Familie das richtige Mädchen war? Im stillen hoffte ich sogar, ich würde in Vaters Augen keine Gnade finden, wäre nicht die richtige Braut für seinen äl-

testen Sohn, nicht reich oder schön genug, nicht gefügig oder häuslich genug.
Jetzt, nach der Anfrage vom Roten Kreuz, quälten mich von neuem Zweifel. Aber ich hatte nicht mit der Beharrlichkeit des jungen, stürmischen Samuel Kalman gerechnet.
»Wir haben uns bereits die Treue geschworen», sagte er bestimmt. »Ich werde dich unter die Chupa führen.«
Es gab kein Entrinnen mehr. Und das war gut so.
Wir haben am 27. Juni 1945 in Satmar geheiratet. Mein Schwiegervater erholte sich, soweit dies ging, von den Demütigungen und körperlichen Strapazen in Auschwitz und stieg wieder, wie vor dem Krieg, ins Satmarer Weingeschäft ein. Itsche Kalman stammte zwar aus einer kinderreichen Familie in Chust, hatte aber bereits vor dem Ersten Weltkrieg eine bildhübsche rumänische Jüdin geheiratet, die in Satmar zu Hause war. Samuel wurde in Satmar geboren. Mein Schwiegervater war ein sehr beliebter Weinhändler, von den zahlreichen nicht-jüdischen Weinbauern der Umgebung sehr geschätzt, und verdiente genug, um sich ein schönes Leben zu machen. Mein Mann gab das Biergeschäft auf und tat sich mit seinem Vater zusammen. Mit vierundzwanzig war er Direktor der regionalen Weingenossenschaften. Ich fühlte mich rundum wohl. Wir verstanden uns ausgezeichnet und strickten fleißig an einer gemeinsamen Zukunft.
Am 15. Juni 1946 wurde Srul geboren. Ein Sohn. Zärtlich hielt Samuel dieses Bündelchen Mensch in den Armen. Der Stammhalter wurde als würdiger jüdischer Knabe am achten Tag seines Lebens in Abrahams Bund aufgenommen. Ich war Mutter und konnte es kaum annehmen. Wir

jungen Jüdinnen haben nach all den Entbehrungen nicht mehr an ein normales Leben geglaubt, an eine gesunde körperliche Kraft, an die Fruchtbarkeit.

Die erste Schwangerschaft war für mich wie eine Wiedergeburt. Die tausendjährige Kette war nicht gerissen, das jüdische Leben nicht ganz erloschen. »Wie soll ich es nur Vater erzählen?« hatte ich Samuel gefragt. »Er hat drei Kinder in Auschwitz verloren. Wird er unsere Freude verkraften?«

Aber Itsche Kalman nahm mir jede Befangenheit und umarmte mich fest. Wir weinten Tränen der Freude über das werdende Leben, aber auch Tränen der unendlichen Trauer um all diejenigen, die umgekommen waren, von denen wir nie Abschied hatten nehmen können.

Die Umarmung wollte kein Ende nehmen.

Bei der Geburt des kleinen Sruls war Samuels Vater wahrscheinlich noch glücklicher als wir.

Unsere ersten Ehejahre waren fröhlich und erfüllt. Wirtschaftlich ging es uns gut, wir hatten in Satmar einen großen Freundeskreis und konnten auf Hilfe bauen.

1948, knapp anderthalb Jahre nach Srul, wurde unsere Tochter Surka geboren. Wir gaben ihr als zweiten den Namen Ester, nach meiner und auch nach Samuels Mutter.

Aber unser Glück sollte nicht von Dauer sein.

Das politische Leben in Satmar veränderte sich. Man behauptete, die Russen seien im Anmarsch. Sie würden Rumänien besetzen.

In dem nach dem Ersten Weltkrieg rumänisch geworde-

nen Siebenbürgen mit Satmar im äußersten Nordwesten war von jeher eine große ungarische Minderheit zu Hause. Nordsiebenbürgen wurde dann 1940 durch den zweiten Wiener Schiedsspruch wieder der Budapester Regierung unterstellt, die Stadt Satmar magyarisiert. Nach dem Zweiten Weltkrieg setzten die Rumänen alles daran, Siebenbürgen zurückzubekommen. Mit Hilfe der Sowjetunion erreichten sie nach dem Krieg ihr Ziel. Es dauerte nicht lange, da festigten die rumänischen Stalinisten in Siebenbürgen und natürlich auch in Satmar ihre Macht.* Es wimmelte von russischen Geheimdienstoffizieren. Die von ihnen gelenkte rumänische Securitate wollte die Vernichtung der Andersdenkenden und vor allem die Auslöschung der bürgerlichen politischen Klasse. Und wie überall in Osteuropa wurde 1948 eine Zwangsvereinigung der Sozialdemokraten mit den Kommunisten vorgenommen. Wer sich auflehnte, wanderte ins Gefängnis. Die bürgerliche Klasse wurde in den fünfziger Jahren fast vollständig vom Stalinismus zerstört.
Wieder dachten wir an Flucht. An Packen und Weglaufen.
»Ich gehe auf keinen Fall.« Mein Schwiegervater wollte nicht weg. »Ich habe keine Angst vor den Russen«, behauptete er halsstarrig. »Sie werden mir schon nichts tun.« Itsche Kalman hatte resigniert.
»Ich lasse meinen Vater nicht allein zurück«, war vorerst das letzte Wort meines Mannes.

Ich aber wollte um jeden Preis weg und redete von nichts anderem mehr. Es wurde zur fixen Idee. Wir stritten uns pausenlos. »Was soll aus den Kindern werden?« sagte ich. »Sie sollen nicht in einer Diktatur aufwachsen.«

Aber ich kämpfte gegen Windmühlen.
»Machen wir doch nicht denselben Fehler wie so viele Juden in der Hitlerzeit, als sie glaubten, es würde schon alles nicht so schlimm kommen, wie es dann doch gekommen ist.«
Ich keifte, zeterte und weinte.

Bis ich mich durchsetzte.

Ein Zwischenfall, ausgerechnet mit der Polizei, kam mir entgegen.
Ein Cousin aus Chust, der denselben Namen wie mein Mann trug, wurde wegen Handel mit Valuta gesucht. Irrtümlicherweise wollten die Beamten meinen Mann mit aufs Revier nehmen. Es ging Gott sei Dank gut aus, aber die rumänische Polizei war der Meinung, mein Mann solle für eine Zeitlang untertauchen, denn der Name Kalman könnte ihm zum Problem werden. »Wer weiß, ob Bukarest aktiv wird«, warnte die Miliz. »Das könnte sehr unangenehm für Sie werden.«
Inzwischen war Siebenbürgen wieder rumänisch, die Kommunisten beeinflußten mehr und mehr das öffentliche Leben, kontrollierten schließlich den Kalmanschen Weinhandel und konfiszierten den gesamten Besitz. Mein Mann mußte umgehend die Schlüssel abgeben, der gesamte Weinkeller wurde versiegelt.
Von heute auf morgen wurde aus dem schönen Laden ein volkseigener Betrieb.
Wir standen wieder mit leeren Händen da, gefangen hinter dem Eisernen Vorhang.
»Es ist aussichtslos«, meinte nun auch Samuel resignie-

rend. »Wir sollten tatsächlich mit den Kindern hier weg.« Aber wie? Jeder beobachtete jeden.
Satmar war voller Spitzel.

Nur für mich gab es einen Funken Hoffnung.
Rumänische Zeitungen berichteten, tschechoslowakische Staatsbürger könnten problemlos umsiedeln, und da ich 1926 in Nove Barovo geboren war, im damaligen tschechischen Protektorat, hatte ich eine tschechische Geburtsurkunde. Inzwischen war ich aber mit einem Rumänen verheiratet, und man konnte mir deswegen keinen tschechischen Paß ausstellen.
Wir mußten uns scheiden lassen.
Nach langem Hin und Her überreichte mir das tschechische Konsulat in Bukarest einen brandneuen Ausweis, in dem auch meine beiden Kinder eingetragen waren.
Die Situation war klar. Ich konnte mit Srul und Surka offiziell ausreisen, beziehungsweise »umsiedeln«, wie man das nannte. Wir waren Tschechen.
Bis zur offiziellen Zuteilung der Reiseerlaubnis war es nur noch eine Frage der Zeit.

Mein Mann sollte illegal über die Grenze.
»Kümmere dich schnell um eine Möglichkeit«, drängte ich. »Irgendwann ist es zu spät.«

Über einen befreundeten Polizeioffizier erfuhr ich, daß von Sighet aus Sonderzüge nach Budapest für Flüchtlinge, heimkehrende ungarische und deutsche Soldaten und für entlassene Kriegsgefangene eingesetzt worden waren. Für Geld war damals alles zu bekommen. »Du kannst den

Zugschaffner bestechen«, sagte ich. »Du kommst schon mit.«
Ich packte in aller Eile seine sieben Sachen.
Gott sei Dank erhielt Samuel in diesem Sonderzug keinen freien Platz.
Der Zug fuhr nicht nach Budapest, sondern wurde nach Sibirien umgeleitet.

XIV

Winter 1949/50
Die Flucht nach Prag
und der Schutzengel Slansky

Ich habe viele Meilen zurücklegen müssen. Zwischen dem Ort, in dem ich geboren bin, und den Städten, Ländern, Dörfern, durch die ich in den letzten zehn Jahren komme, um in ihnen zu verweilen, und in denen ich nur verweile, um sie wieder zu verlassen, liegt mein Leben, eher nach räumlichen Maßen meßbar als nach zeitlichen. Die zurückgelegten Straßen sind meine zurückgelegten Jahre.

Joseph Kaufman

Mein Mann war erschüttert über das Erlebnis in Sighet und die Tatsache, daß er den Stalinisten nur durch Zufall entkommen war. »Ich habe die Schnauze voll!« schrie er mich an. Er war überreizt und machte mir Vorwürfe, diese Flucht geplant zu haben.
Ich wußte mir keinen Rat mehr, wollte mich aber mit der Situation hier in Satmar auch nicht abfinden.

Bei meinen täglichen Einkäufen auf dem Markt traf ich unseren Zahnarzt. »Heute abend bin ich über alle Berge!« erzählte er mir hinter vorgehaltener Hand. »Ich schließe mich Jakob Weiss an, der bringt uns über die grüne Grenze.« Er schien sich aber seiner Entscheidung trotz allem nicht sicher zu sein und fragte: »Hältst du es für gescheit?« Alle möglichen Gedanken schossen mir durch den Kopf. Der Zahnarzt interessierte mich, ehrlich gesagt, nur am Rande, ich dachte an Samuel. Ich wußte, daß dies die Lösung war, und fand von da an keine Ruhe mehr. Ich kannte den Fluchthelfer Jakob Weiss persönlich und wußte, daß man ihm vertrauen konnte. »Wieviel kostet das Ganze?« wollte ich noch von Grünbaum wissen. »Achttausend Dollar pro Kopf«, flüsterte er. Achttausend Dollar.

Das war mehr als ein Vermögen und von uns nicht aufzubringen.
Trotzdem ging mir diese einmalige Möglichkeit nicht mehr aus dem Kopf. Dann fiel mir unsere Nachbarin ein. »Mein Onkel und meine Tante aus Bukarest wollen von hier aus illegal nach Ungarn«, hatte sie mir erst vor ein paar Tagen anvertraut und gefragt, ob ich eine Möglichkeit wüßte. Der Onkel und seine Frau, alte, wohlbetuchte Juden, waren in den äußersten Zipfel Rumäniens nach Satmar gereist und wollten um jeden Preis über die grüne Grenze. Von hier aus war es einfacher. Geld spielte für sie keine Rolle. Und ich schmiedete meinen Plan. Ob sie nicht für meinen Mann und Antal, den jüngeren Bruder meines Mannes, mitbezahlen würden, wenn ich ihnen den Fluchthelfer besorgte? Ich tastete mich vorsichtig vor.
Mein Mann war von der Fluchtidee überhaupt nicht begeistert. »Das Abenteuer ist mir zu riskant«, brummte er, aber am meisten bedrückte ihn der Gedanke, seinen Vater und mich mit den kleinen Kindern zurücklassen zu müssen. »Das Geld«, meinte er, »haben wir so oder so nicht.«
Aber ich ließ mich von seinem Pessimismus nicht unterkriegen. Beim Zahnarzt Grünbaum traf ich den Fluchthelfer Weiss. »Wann geht ihr?« wollte ich wissen. »Und was kostet es nun endgültig?« Jakob ließ sich nicht erweichen. Die Aktion war auch für ihn lebensgefährlich. Es blieb also bei achttausend Dollar, und sie wollten um zwei Uhr in derselben Nacht losgehen.
Wir hatten keine Zeit zu verlieren.
Die Bukarester waren mit allem einverstanden. 32 000 Dollar Fluchtgeld. 16 000 pro Paar. Sie erschraken nicht einmal, als sie die Höhe der Summe hörten. Sie waren auf

alles vorbereitet und trugen ihr gesamtes Kapital in Form von Diamanten in den Zähnen versteckt bei sich.

Die schwierigste Hürde mußte ich noch nehmen: meinen Mann von dieser einmaligen Gelegenheit überzeugen und meinen Schwiegervater aufklären.
»Es ist alles geregelt. Die Summe für dich und deinen Bruder habe ich bereits aufgetrieben.«
So habe ich Samuel vor vollendete Tatsachen gestellt.

Wir gingen mit den beiden Kindern zu meinem Schwiegervater. Samuel war befangen und brachte kein Wort über die Lippen.
Itsche Kalman, dieser leidgeprüfte Mann, der seine Frau und seine Töchter in den Konzentrationslagern verloren hatte und innig an seinen beiden letzten Kindern hing, war zuerst außer sich. »Hitler hat mir drei Kinder und meine Frau genommen, und du willst mir meine beiden Söhne nehmen!« schrie er mich in seiner Verzweiflung an. Ich konnte seine Bitterkeit verstehen, aber ich flehte ihn an, dem Vater meiner Kinder, uns und seinem jüngsten Sohn eine Zukunft in der Freiheit zu lassen. »Uns bleibt doch keine andere Wahl«, sagte ich tränenüberströmt. »Wer weiß überhaupt, wie lange die Grenzen noch durchlässig sind und Fluchthelfer zur Verfügung stehen?«
Ich erzählte meinem Schwiegervater alle Einzelheiten. Nur den Namen des Fluchthelfers behielt ich für mich. Er sollte kein Mitwisser sein. Schließlich willigte er ein. Der brave alte Mann wußte, daß es keine andere Lösung gab. Still und gefaßt nahm er Abschied von seinen beiden Söhnen.

»Gott segne euch«, sagte er leise.
Das war Güte und Liebe.

Der Fluchthelfer kümmerte sich um die beiden alten Leute aus Bukarest. Die vereinbarte Summe sollte ich vorher vorbeibringen. Ich wollte jedoch das Geld an einem sicheren Versteck deponieren, damit es erst eingelöst werden konnte, nachdem die Flucht gelungen war. Mein Mißtrauen war groß. Das Gerücht ging um, Flüchtlinge würden unterwegs von ihren Helfern ausgeraubt und ermordet. Mein Mann und ich vereinbarten ein Zeichen. »Wenn du mit Antal die Grenze wohlbehalten überschritten hast, gibst du Jakob Weiss die Hälfte dieses Taschentuchs«, bat ich Samuel. Die andere Hälfte behielt ich. »So wissen wir zu Hause, daß alles gut gelaufen ist, und Jakob kann sein Geld abholen.« Wie verabredet brachen sie um zwei Uhr nachts auf. Srul bekam alles mit. Mein Sohn war immer sehr verständig, ein fast zu ernstes Kind, während die kleine Surka verspielter, schmusiger und ein richtig süßes Mädchen war. Ich legte beide Kinder zum Schlafen auf das Sofa meines Schwiegervaters.
Die Nacht erschien mir endlos.
Zwischen meinem Schwiegervater und mir fiel kein einziges Wort.
Wir waren stumm vor Angst.

Gegen sechs Uhr morgens klopfte es leise am Fenster. Schon in der Türöffnung winkte Jakob Weiss mit der Taschentuchhälfte.
Ich war unfähig, auch nur eine einzige Träne zu weinen, und fiel erschöpft neben den Kindern auf das Sofa.

Mein Schwiegervater tröstete mich. Wir waren beide glücklich, daß die Männer wohlbehalten in Ungarn angekommen waren, zwar noch nicht in Budapest, aber damals für uns bereits in der Freiheit.

Wann würde ich meinen Mann wiedersehen?

Die Transporte in die Tschechoslowakei liefen nur zögernd. Keiner wußte, wann der nächste ging, und so warteten wir in Satmar geduldig im Hause meines Schwiegervaters. Anderthalb Jahre lang.
Es kam mir manchmal wie ein Alptraum vor. Das Schicksal meiner Mutter vor Augen, glaubte ich zwischendurch nicht mehr an ein Wiedersehen mit Samuel. Aber mein gütiger Schwiegervater machte mir Mut. Er war fest überzeugt, daß es eine glückliche Fügung geben würde. Samuels jüngerer Bruder Antal, er war zweiundzwanzig Jahre alt, als er mit meinem Mann die Flucht antrat, gelangte nach Deutschland in das Kinderlager Führenwald. Er wollte nach Amerika. Aber für einen rumänischen Juden war das nicht einfach. Antal mußte die Quote abwarten. Nach dreizehn Monaten Wartezeit war es dann endlich soweit.
Er lebt heute in Los Angeles.

Mein Mann reiste illegal von Budapest nach Prag. Dort wollte er sich mit mir und den Kindern treffen, um von da aus zusammen mit uns in den Westen zu reisen.

Samuel hatte keine tschechischen Papiere. Doch ein Jude weiß sich zu helfen. In der Synagoge traf er sich mit Gleich-

gesinnten und sprach über sein Problem. Man besorgte ihm einen tschechischen Paß.
Einen Haken hatte die ganze Geschichte: Samuel sprach kein Wort Tschechisch. Darüber machte er sich vorerst keine Sorgen, denn das war nicht ungewöhnlich. Viele fromme Juden konnten nur Hebräisch und Jiddisch, weil sie nur die Talmudschule besucht und sich ausschließlich mit dem Thorastudium befaßt hatten. Sie übten keinen Beruf aus und widmeten sich ganz der Thoralehre. Diese Juden wurden von der Gemeinde und des öfteren auch von der Arbeit ihrer Frauen getragen.
Im jüdischen Restaurant in Prag suchte Samuel Gleichgesinnte. Er mußte eine Beschäftigung und eine Unterkunft finden. Schließlich bekam er ein Quartier bei einem jüdischen Anwalt.

Nach mehr als anderthalb Jahren des unruhigen, sehnsüchtigen Wartens wurde mir in Satmar endlich die Ausreisegenehmigung erteilt.
Mein Schwiegervater, der sich wieder verheiratet hatte, nahm wehmütig von seinen Enkeln und mir Abschied. Ein Abschied für immer.

Satmar ist nur noch lebendig in meiner Erinnerung. Eine Erinnerung an bittere, aber auch schöne Erlebnisse. Entscheidende Erlebnisse. Dieses Städtchen an der Somes, wo ich Poli mit zwei Zivilbeamten verschwinden sah, wo ich die Großzügigkeit und Toleranz einer katholischen Familie erfuhr, wo mir die Ohnmacht und die Güte eines deutschen Offiziers unter die Haut gingen, wo ich mein jüdisches Leben wiederfand* und wo meine ersten Kinder

geboren wurden. Wie sollte ich es jemals vergessen können?
Als wäre es gestern, sehe ich die Altstadt noch vor mir, die blühende Weinlandschaft, die Ruinen des Bahnhofs, den Markt, die engen Gassen, einst voller chassidischem Leben und Lachen, Ergi und Mori Neni, Sigi und Dr. Schuff.

Am ersten Chanukka-Abend, dem jüdischen Fest der Tempelweihe und der Erinnerung an den Sieg der Makkabäer, machten Srul, Surka und ich halt in Budapest, erschöpft von der langen Reise in dem überfüllten Nachkriegszug. Die Kinder waren aufgekratzt und übermüdet.
Acht Tage lang sollten die Kerzen und Öllichter brennen, und meine Cousine aus Bustino, die seit Kriegsende in Budapest lebte und bei der wir für diese Nacht Unterschlupf fanden, zündete bereits vor unserer Ankunft den achtarmigen Chanukka-Leuchter, die Menora, an, damit wir uns sofort warm und wohlig aufgenommen fühlten. Nach dem Eintreffen riefen wir umgehend Samuel in Prag an. Während er die jüdischen Chanukkagebete ins Telefon sprach, lauschten die Kinder erstaunt seiner Stimme. Wir weinten alle vor Freude. »Bald sind wir wieder eine Familie«, tröstete mich mein Mann. »Ich habe Sehnsucht nach euch und bin ganz aufgeregt vor Freude.«
Am nächsten Tag wollten wir weiter nach Prag.

Anderthalb Jahre Trennung. Es war eine lange Zeit. Mir war angst und bange.
»Bleib zu Hause und warte auf uns«, drängte ich meinen Mann. Hatte ich eine böse Vorahnung?

Um Mitternacht stiegen der tapfere Srul, die kleine Surka und ich mit Hab und Gut am Prager Hauptbahnhof aus dem Zug. Es war Winter. Der eisige Wind blies den Pulverschnee um die Straßenecken. Am Bahnsteig war weit und breit kein Mensch zu sehen. Was war mit meinem Mann? Ich ahnte das Schlimmste. Da ich kein tschechisches Geld bei mir hatte, bot ich dem Taxifahrer mein goldenes Halskettchen als Pfand an und fuhr mit ihm zum Telefonieren in die Stadt. Samuel war nicht am Apparat, sondern ein Mann, der mich gleich mit Frau Kalman ansprach. Ich staunte, denn ich wußte nicht, daß Samuel in Prag ganz offiziell unter dem Namen Kalman lebte. Er verfügte doch nur über einen falschen Paß. Hatte man ihn vielleicht wegen der falschen Papiere verhaftet? »Beruhigen Sie sich«, sagte der Unbekannte am anderen Ende des Apparates. »Besorgen Sie sich ein Hotel für die Nacht. Morgen ist Ihr Mann wieder da.«

Ich wußte nicht, was ich mit dieser Aussage anfangen sollte. »Die Affäre, in die Herr Kalman verwickelt scheint, wird sich bald als ein Irrtum erweisen«, beschwichtigte er mich erneut.

Eine Affäre? Welche Affäre? »Es handelt sich um einen Brief«, sagte der Mann noch abschließend am Telefon. Was für ein Brief?

Nun stand ich da, mitten in der Nacht in einer mir völlig fremden Stadt, zwei kleine Kinder an der Hand, ohne Bleibe, ohne Kronen, ohne Ziel.

Mit demselben Taxi ging ich auf die Suche nach einem Zimmer. Das war einfacher gesagt als getan. Schließlich endete unsere nächtliche Odyssee in einem mir viel zu teuren Hotel. »Eigentlich sind die letzten Zimmer für Gä-

ste aus Rumänien gedacht«, sagte mir die Empfangsdame. »Aber der Zug aus Budapest hat offenbar sehr viel Verspätung, und ich glaube, sie kommen nicht mehr.«
So hatten wir Glück im Unglück.
Später stellte sich heraus, daß die Zimmer von meinem Mann ganz offiziell auf unseren Namen reserviert und die erwarteten Gäste wir waren.

Erschöpft ließ ich die Koffer fallen, packte den Kindern die letzten mitgebrachten Brote aus und legte die Kleinen ins Bett.
Ich selbst konnte vor lauter Aufregung kein Auge zutun. Das nächtliche Hotelzimmer war mir eine Bedrohung. Draußen rumorte die fremde Großstadt. Angespannt und der Ungewißheit ausgeliefert harrte ich der Dinge.

Das Telefon läutete. »Darf ich hinaufkommen?« fragte eine freundliche Männerstimme. »Ich bin ein Freund Ihres Mannes.« Mir klopfte das Herz in der Kehle. Was sollte ich tun? Ich war mißtrauisch, aber ich wollte unbedingt wissen, was geschehen war. »Kommen Sie«, sagte ich zögernd. Kein Mensch hätte den blonden, hochgewachsenen, hageren Jindra Ceder für einen Juden gehalten. »Ich bin ein guter Geschäftsfreund Ihres Mannes«, sagte er und erzählte mir, daß mein Mann verhaftet worden war. Ceder war jedoch überzeugt, daß man Samuel morgen schon aus der Untersuchungshaft entlassen würde. Über weitere Details wollte er aber nicht reden. Er gab mir Geld, die Adressen der koscheren jüdischen Restaurants und der jüdischen Gemeinde in Prag sowie seine Telefonnummer. »In der jüdischen Gemeinde werden Sie mit Ihren Kindern alle nur

denkbare Hilfe bekommen, und wenn Sie mich brauchen, rufen Sie mich einfach an.«
Später habe ich erfahren, daß ihn draußen vor der Tür des Hotels zwei KGB-Leute abfingen. Er wurde auf der Stelle abgeführt und ebenfalls verhaftet.
Er lebt heute in Brüssel.

Mit wieviel Sehnsucht und mit welchen Erwartungen war ich nach Prag gekommen? Die Freiheit, ein neues Leben in Aussicht. Ein normales Leben mit Mann und Kindern unter einem Dach, wie eine ganz gewöhnliche Familie.
Illusionen?
Was hatte Samuel getan? In was war er verstrickt? Warum hatte man ihn verhaftet? Ich zerbrach mir den Kopf, fand aber keine schlüssige Antwort.

Bis Jindra, Samuels Freund, mich aufklärte.
Während Samuel in einem jüdischen Restaurant wie jeden Tag zu Mittag aß, suchte ein tschechischer Beamter einen Mann namens Kaufman, dem er einen Brief übergeben wollte. Kaufman, der heute in New York lebt, war an dem Mittag nicht im Lokal.
»Hilfsbereit wie immer«, sagte Jindra, »nahm Samuel das Einschreiben in Empfang, unterschrieb die Quittung und versprach dem Beamten, den besagten Brief Kaufman beim nächsten Treffen auszuhändigen.«
Das war sein Verhängnis.
Unmittelbar anschließend nahmen KGB-Leute, die als Gäste getarnt im jüdischen Lokal zu Mittag aßen, meinen Mann fest.
Es war eine Falle.

»Was hatte es aber mit dem Brief auf sich?« wollte ich von Jindra wissen. Er wußte es nicht.

Später hat man mir erzählt, daß der KGB damals bereits seit über einem Jahr Nachforschungen anstellte, um Valutaschmugglern auf die Spur zu kommen. Mein Mann hatte in Prag tatsächlich für Freunde Briefe weitergeleitet. Tschechische Juden, die längst in Kanada oder in den USA lebten, hatten ihren Besitz in der alten Heimat zurücklassen müssen, wollten ihn aber heimlich veräußern, um den Erlös entweder ihren armen Verwandten in der Tschechoslowakei zu geben oder auf ihr Konto im Ausland überweisen zu lassen. Das war natürlich verboten. Die Kommunisten wiederum vermuteten eine jüdische Verschwörung – Antisemitismus war nach dem Krieg in Prag weitverbreitet* – und glaubten, daß antikommunistischen Untergrundorganisationen Gelder zur Unterstützung übermittelt wurden.
Zweck der Briefe war, auf verschlüsselte Weise die Identität und Adressen der Besitzer oder der Empfänger des Vermögens zu ermitteln. Die vollständige Information ergab sich erst aus einer »Serie« von Briefen. Im ersten Brief wurde die Stadt angegeben, im zweiten die Straße, im dritten die Hausnummer, im vierten der Name des Besitzers oder Empfängers und im fünften schließlich die Summe oder der Wertgegenstand, um den es sich handelte. Das besagte Einschreiben an Kaufman war Teil eines dieser Puzzles. Es war kurz nach dem Krieg. Die Lage hinter dem Eisernen Vorhang war äußerst angespannt. Menschen besorgten sich gegen viel Geld falsche Pässe oder ließen sich gegen Unsummen über die Grenze schmuggeln. Hier in Prag

wurden unter der Hand Geschäfte gemacht, und sicher wurde auch sehr viel betrogen.
Nun saß mein Mann im Gefängnis.
Ich wartete mit den verängstigten Kindern im Hotelzimmer auf seine Freilassung. Tage zogen ins Land. Es tat sich nichts.
Der Anwalt meines Mannes konnte mir nicht helfen. Er war aufgebracht, weil Samuel keine einzige Aussage machen wollte und so das Verfahren behinderte.
Mein Mann schwieg, beharrlich.
Ein ehemaliger Mitgefangener, der nun freigekommen war, übermittelte mir eines Tages einen Kassiber. »Ich heiße wieder Kalman, und hier im Gefängnis habe ich mich als Talmudlehrer ausgegeben«, teilte mir mein Mann in kleinster Schrift mit. Ich war überglücklich, wenigstens dieses erste Lebenszeichen von ihm zu erhalten. Nun wurde mir einiges klar. Als Talmudist mußte Samuel nicht Tschechisch können. So konnte er von den tschechischen Beamten auch nicht verhört werden. Sie verstanden ihn ebensowenig wie er sie. Deswegen »wollte« er also nicht sprechen. Außerdem schrieb mir Samuel: »Inspektor Tichy hat mich verhaftet, versuche, Kontakt mit ihm aufzunehmen.«
Also machte ich mich auf den Weg in die kommunistische Festung. Es dauerte Tage, bis man mich vorließ. Die Justizbeamten müssen schließlich Mitleid mit mir gehabt haben. Ein Kind an jeder Seite, das sich voller Angst an mein Bein klammerte, redete ich auf sie ein und ließ mich nicht abwimmeln. Inspektor Tichy, ein älterer, hagerer Herr, war sehr freundlich und fragte neugierig, woher ich sei. Er kannte sogar Nove Barovo und die Karpatenlandschaft, denn er war nicht weit von dort als tschechischer Grenz-

beamter stationiert gewesen. Aber er wollte mir nicht helfen. »Ihr Mann ist halsstarrig, uneinsichtig und während der Verhöre absolut nicht kooperativ«, sagte er verärgert. »Ich bin überzeugt, daß er in die Sache verwickelt ist.« Ich kam gegen den sturen Beamten nicht an. Mein Bitten und Flehen um Verständnis und Gerechtigkeit halfen nichts.

Für die tschechischen Nachkriegskommunisten blieb mein Mann ein antikommunistischer Verschwörer. Doch irgendwann müssen mein unermüdlicher Einsatz und die beiden kleinen Kinder Tichy doch erweicht haben, und er zeigte einen Hauch von Menschlichkeit. Er war mein Drängen leid, schaute Srul und Surka an und meinte: »Es gibt nur einen einzigen Mann in der Tschechoslowakei, der Ihnen helfen könnte: Slansky.«

»Rudolf Slansky, der Generalsekretär der tschechischen kommunistischen Partei?« fragte ich. Ich konnte nicht glauben, was ich gehört hatte. »Wie soll ich es schaffen, ins Allerheiligste zu kommen und bei diesem Mann vorzusprechen?«

»Natürlich ist das so gut wie aussichtslos«, sagte Tichy, »aber ich weiß keinen anderen Rat.«

Im jüdischen Restaurant versuchte ich mit Jindra Kontakt aufzunehmen. Vergebens. Keiner wußte, wo er geblieben war, und ich wurde das Gefühl nicht los, allen lästig zu sein. Langsam wurde mir klar, daß man auch Jindra festgenommen hatte.

Zwei Wochen waren vergangen. Das Leben mit den Kindern im Hotel war nicht nur unbequem – ich konnte weder richtig für die Kleinen kochen noch waschen –, sondern auch sündhaft teuer. Mit viel Mühe und ein wenig

Glück fand ich ein Zimmer am Wenzelsplatz Nummer 18, dem schönsten Platz in Prag. Es gehörte einer Witwe, die meine Kinder sofort ins Herz schloß und auf sie aufpassen wollte, während ich zu den Behörden ging. Aber die Kinder ließen mich nicht weg. Unsere Wirtin meinte es gut, doch sie sprach kein Wort Ungarisch, und die Kinder wichen nicht von meiner Seite. Es zerriß mir das Herz, und so habe ich sie dann doch wieder überallhin mitgenommen.

Ich hatte nur noch eins im Kopf: wo und wie konnte ich beim großen Slansky vorsprechen, dem tschechischen Kommunisten, Spanienkämpfer und Partisanen des Zweiten Weltkrieges, der aus einer jüdischen Kaufmannsfamilie stammte und eigentlich Rudolf Salzmann hieß.*

Vom Anwalt erfuhr ich, daß mein Mann, der im Prager Justizpalast mit anderen politischen Gefangenen festgehalten wurde, in den Hungerstreik getreten war. »Ich glaube, er will erzwingen, euch sehen zu dürfen«, sagte er. Ich erkundete die Lage und stellte fest, daß gegen halb sechs morgens die Häftlinge tagtäglich auf dem Hof des Gerichtsgebäudes spazieren gingen. Zusammen mit Surka und Srul versuchte ich jetzt in aller Herrgottsfrühe, vom Justizpalast aus auf den Hof zu schauen. Und obwohl Samuel keine Ahnung hatte, schaute er hoch und erkannte uns. Bewegungslos stand er da und sah uns an, bis ihn ein Wachmann wieder vorwärtsstieß. Jeden zweiten Tag ging ich mit den Kindern hin. Sie erkannten ihren Vater nicht wieder. Wie sollten sie auch? Der magere Mann da unten auf dem Hof zwischen den gebeugten, sich dahinschleppenden Gestalten hatte nichts mit dem strahlenden jungen Vater aus Satmar gemein. Da er sich als orthodoxer

jüdischer Lehrer ausgegeben hatte, wollte er sich nicht rasieren und trug einen ungepflegten, dunklen Bart. Beim Anblick dieses Häufchens Elend auf dem Gefängnishof überfiel mich tiefe Trauer, eine unendliche Trostlosigkeit.
»Könnte ich nicht wenigstens mit ihm sprechen und ihm ab und zu etwas Koscheres zu essen vorbeibringen?« Ich flehte den Anwalt an, bis ich eines Tages die Erlaubnis bekam. Von jetzt an holte ich jeden Tag in der jüdischen Mensa eine Mahlzeit und brachte sie zusammen mit den Kindern meinem Mann. Die Wächter drückten beide Augen zu. Vielleicht hatten sie Mitleid mit den kleinen quengelnden Kindern? Srul und Surka waren verängstigt, klammerten sich an mich, weinten unentwegt und wollten ihren Vater nicht sehen.
Auch mein Mann weinte.
Nur ich war wie versteinert.
Wie konnte ich Samuel aus dieser Lage befreien? Jeden Tag ging ich mit den beiden Kleinen in diesem Prager Winter 1950 zur Zentrale der tschechischen kommunistischen Partei. Jeden Tag. Bei Wind und Wetter. Wochenlang.
Ich wollte Slansky sprechen. Ergebnislos.
Die Beamten lachten mich aus. Aber ich scherte mich nicht darum. Und meine Geduld wurde belohnt.
Eines Tages stieg ein großer, schlanker Mann mittleren Alters aus einem Auto und erschien in der Eingangstür. Aufgeregt lief ich ihm entgegen, aber die Wachsoldaten drängten mich mit ihren Gewehrkolben zurück.
Es war Slansky.
»Wer ist diese Frau mit den kleinen Kindern?« fragte er.
»Seit Wochen geht sie uns auf die Nerven!« antworteten die Beamten. »Sie will unbedingt zu Ihnen, Genosse Slan-

sky.« Der Generalsekretär der kommunistischen Partei schaute mich eindringlich an, ließ mich auf Waffen untersuchen und bat mich zu sich.

In dem geheizten Büro brach ich zusammen. Mir liefen die Tränen übers Gesicht, und ich brachte kein Wort heraus. Der Parteisekretär blieb ganz still und ließ mir Zeit. Ich glaube, damals habe ich mich zum ersten Mal in meinem Leben jemandem geöffnet. Ich habe ihm alles erzählt: von meinem Schicksal in der Karpaten-Ukraine, den Jahren in Budapest, von dem Versteck in Satmar und dem Hauch von Glück während meiner ersten Ehejahre und schließlich von dem Pech meines Mannes in Prag. Ich weiß nicht mehr, wie lange ich bei ihm war.

Die Kinder waren mucksmäuschenstill.

»Ich rufe Tichy an«, sagte Slansky und schaute mich weiter aufmerksam an. »Er soll Ihren Mann freilassen, aber unter einer Bedingung: Sie dürfen Prag nicht verlassen. Die Untersuchungen sind noch nicht abgeschlossen.« Slansky und seine Leute wollten durch Samuel mehr über die antikommunistische Untergrundbewegung erfahren und sahen in ihm nach wie vor eine Schlüsselfigur.

Warum hörte dieser Mann, der als kühl und berechnend galt und von so vielen gefürchtet wurde, mir so aufmerksam zu? Warum hat er sich für mich und die beiden Kinder so viel Zeit genommen?

Später erfuhr ich seine eigene Geschichte.

Seine Frau und er hatten während der Moskauer Jahre ein tragisches Erlebnis. Ihr Töchterchen, das unter der Obhut des älteren Bruders vor dem Rundfunkgebäude im Kinderwagen schlief, war entführt worden, während die Mutter an einer Sendung für die besetzte Tschechoslowakei

arbeitete. Das kleine Mädchen wurde trotz intensiver Nachforschungen und der gründlichen polizeilichen Ermittlungen nie wiedergefunden. War es die Erinnerung an dieses Drama, die ihn erweichen ließ? Oder war es, weil er auch Jude war und von dem Stigma wußte?
Ich werde es nie erfahren.
Noch heute sehe ich sein asketisches Gesicht vor mir, streng, aber traurig.

Nachdem ich ihm alles fest in die Hand versprochen hatte, begleitete er mich mit den Kindern hinaus. Aber ich hielt nicht Wort. Eine neue Odyssee stand unmittelbar bevor.

Ich ging nach Hause zum Wenzelsplatz und kochte meinen Kindern eine warme Mahlzeit. Aber meine Gedanken kreisten nur um das ersehnte Wiedersehen mit meinem Mann.
Fast zwei Jahre waren vergangen, seitdem er eines Nachts in Satmar von uns Abschied genommen hatte, in der Hoffnung auf ein baldiges Wiedersehen und ein neues freies Leben jenseits des Eisernen Vorhangs. Wer hätte wissen können, daß uns die Zeit so lang werden würde? Waren wir uns inzwischen ein wenig fremd geworden? Die Kinder waren noch klein und mit dem Vater überhaupt nicht vertraut. Wie würden sie auf ein ständiges Zusammensein reagieren? Aber ich machte mir zu viele schwarze Gedanken. Dann endlich erschien Samuel, müde und abgekämpft, aber aufgelöst vor Freude in der Tür, und mein kleiner Sohn kletterte sofort auf seinen Schoß. Beide drückten sich innig, und Srul fragte unentwegt: »Ist das

wahr, Mami, ist das mein Papi, und bleibt er jetzt für immer bei uns?« Surka, der Spaßvogel, sang und lachte, und wir waren wieder eine harmonische Familie.
Wie glücklich war ich mit diesen beiden süßen Kindern. Gott schenkte sie mir, damit ich die schweren Zeiten leichter überstand. Sie waren mir in den Jahren ohne meinen Mann nie eine Last. Im Gegenteil. Sie waren mir ein Trost und haben meinem Leben Sinn gegeben. Jetzt war ich meiner Mutter in Gedanken ganz nahe. Möge sie uns, Golde und mich, auch als Freude und Stärkung empfunden haben.

Vor seiner Verhaftung hatte mein Mann bereits unsere Flucht aus der Tschechoslowakei gründlich vorbereitet. Er hatte für sich eine österreichische Geburtsurkunde und einen österreichischen Paß organisiert. Jetzt hieß er Breuer. Nun war es Samuel, der sobald wie möglich fliehen wollte. »Wir werden bestimmt beobachtet«, sagte er. »Es muß alles sehr schnell gehen, und keiner darf Verdacht schöpfen.« Noch in der Nacht nach seiner Entlassung wollte er mit dem Zug nach Bratislava fahren. Wir sollten dann nachkommen. Ich war schrecklich nervös. »Mach dir keine Sorgen, ich habe alles sorgfältig vorbereitet. In Bratislava liegen alle notwendigen Dokumente bereit: Heiratsantrag, Heiratsgenehmigung, Führungszeugnisse, Adoptionsgenehmigungen und so weiter. Dort werden wir vor dem österreichischen Konsul heiraten und gleichzeitig die Kinder adoptieren. Es darf nur keine Panne passieren.«
Es war abenteuerlich.
Nachdem mein Mann in den Nachtzug nach Bratislava gestiegen war, nahm eine entfernte Verwandte aus Ustina

Blaben, einer Ortschaft kaum zwei Stunden von Prag entfernt, die beiden Kinder zu sich. Zwei Tage später sollte sie von dort aus Srul und Surka nach Bratislava bringen. Ich selbst blieb in Prag zurück. Wie ich das nervlich durchstand, weiß ich nicht. Wie eine Schlafwandlerin ging ich in der Wohnung auf und ab, immer wieder, bis die Luft rein schien und auch ich mich nach Bratislava zu fahren traute. Wir heirateten tatsächlich im Konsulat, und »Herr Breuer« adoptierte meine Kinder.

Die ungeheuerlichen Anspannungen der letzten Zeit hatten mich zermürbt. Ich litt unter Verfolgungswahn. Slansky ging mir nicht aus dem Sinn. Ich war mir sicher, daß seine Leute uns auf den Fersen waren. Wie lange sollten wir noch warten, bis wir über die grüne Grenze nach Österreich gingen? Die Zeit schien stillzustehen. Die Angst wurde unerträglich. Die Polizei in Bratislava war regelmäßig auf der Suche nach illegalen Grenzgängern. Das Grenzstädtchen war Treffpunkt zahlreicher Flüchtlinge. Wien lag zum Greifen nah. Wir hofften, von den Kontrollen verschont zu bleiben. Nicht jeder wurde geprüft.
Doch wir liefen den Polizisten in die Arme.
Mein Mann sollte mit zur Ausländerbehörde.
Da verlor ich die Nerven.
Schreiend rannte ich hinter dem Dienstwagen her. Mein Mann sprach doch kein Wort Tschechisch und brauchte mich. Doch die Aufregung war umsonst. Die Anfrage, der die Beamten nachgingen, kam nicht aus Prag. Wir wurden auf den Namen Breuer geprüft. Anwalt Stein aus Bratislava, ein Jude, der während des Krieges in der Tschechoslowakei untergetaucht war, befragte mich. Aber ich brachte

kein Wort heraus. Ich hatte einen Schock. Meine Stimme versagte. Samuel schüttelte mich und schrie »sprich doch«, denn ich sollte ihm übersetzen, aber es war vergebens. Ein herbeigerufener Arzt stellte einen Nervenkollaps fest und meinte, man solle mich vorerst in Ruhe lassen. Wir durften ins Hotel zurück, bis es mir besserging. Dann sollten wir bei der Polizei wieder vorstellig werden. Allmählich beruhigte ich mich.
Die Brüder David und Moses Weiß, zwei Freunde meines Mannes aus Bratislava, die heute in Israel in Petach Tikva leben, hörten von unserem Unglück und eilten herbei. »Ihr dürft keine Minute mehr verlieren, Samuel soll so schnell wie möglich über die Grenze nach Wien«, drängten uns die beiden Männer. »Yudka kann mit den Kindern nachkommen.«
Doch ich wollte nicht.
»Kaum sind wir nach zwei langen Jahren voller Angst endlich wieder zusammen und schon müssen wir uns wieder trennen«, schrie ich und klammerte mich an meinen Mann. »Wieder soll ich mit den beiden Kindern in einem fremden Land zurückbleiben?«
Wir nahmen noch in derselben Nacht Abschied.

Aber Gott sei Dank dieses Mal nicht für lange. Die Brüder Weiß verständigten die Organisation Bricha, eine jüdische Untergrundorganisation, die Pässe besorgte und Menschen bei der Flucht half. Srul und Surka flüchteten kurz nach meinem Mann in Begleitung meiner Verwandten aus Ustina-Blaben über die Grenze. Ich blieb in Bratislava zurück und war nervlich am Ende. Die Frauen der Brüder Weiß umsorgten mich, gaben mir zu essen und trösteten mich. Ein paar Tage später schlich auch ich in aller Herrgottsfrühe mit Fluchthelfern der Organisation Bricha zu Fuß über die Grenze. Die Nacht war dunkel, und es war eisig kalt.

Das war unser Schutz.

In Österreich wartete Samuel bereits ungeduldig auf das Wiedersehen.

XV

Antwerpen 1951–1993

Es gibt keine »neue Heimat«. Die Heimat ist das Kindheits- und Jugendland. Wer sie verloren hat, bleibt ein Verlorener, und habe er es auch gelernt, in der Fremde nicht mehr wie betrunken umherzutaumeln, sondern mit einiger Furchtlosigkeit den Fuß auf den Boden zu setzen.

Jean Améry

Endlich war ich in der freien Welt.
Die vielen Jahre der Entbehrung, der andauernden unerträglichen Anspannungen, der Hoffnungslosigkeit und des Ankämpfens dagegen rächten sich.
Ich stürzte in ein dunkles Loch, in eine schwerelose Welt, weit entrückt von der Wirklichkeit, ohne Erinnerungen, ohne Gedanken. Apathisch tastete ich mich durch die Leere. Sechs Wochen lang.
Zu der psychischen und physischen Erschöpfung kam die dritte Schwangerschaft. Es wurde eine Fehlgeburt. Ich konnte die Freiheit nicht genießen. Ich war gebrochen. Zudem wollte ich auf keinen Fall in Österreich bleiben.
»Ich will nach Belgien«, sagte ich trotzig, aber Samuel war dagegen. Er wollte nach Australien oder Israel. Ganz weit weg. »Dorthin, wo nie wieder etwas Ähnliches passieren kann«, das war sein Vorsatz. Wir lebten in einem Vakuum und verbrachten schließlich noch elf Monate recht und schlecht in Wien, unschlüssig und antriebsarm. Samuel hatte kein festes Einkommen, er kaufte, verkaufte und tauschte Rasierklingen, Kaffee, Streichhölzer und wieder Kaffee und wieder Rasierklingen und war deprimiert. Dennoch konnten wir im Laufe der Zeit unter großen Mühen ein paar tau-

send Dollar zusammensparen. Das war damals viel Geld. Da wir illegal über die Grenze gekommen waren, hatten wir keinen offiziellen Flüchtlingsstatus und konnten deswegen auch keine Unterstützung beanspruchen. Samuel wollte auch nie Unterstützung. Als wir später die »Wiedergutmachung« aus Deutschland beantragen konnten, lehnte er dies energisch ab. Ich habe heimlich über seinen Kopf hinweg meinen Teil beantragt und das Geld den Ärmeren geschenkt.

Ich konnte und wollte in Wien nicht heimisch werden. Über das Rote Kreuz versuchte ich, mit Tante Fritzi in Brüssel Kontakt aufzunehmen. »Wir sollten offiziell ausreisen«, sagte ich zu meinem Mann und beantragte beim belgischen Konsulat in Wien die Ausreisegenehmigung für unsere kleine Familie. Das war nicht einfach. Meine belgischen Verwandten mußten für den Aufenthalt in Belgien garantieren. Wir hatten Glück. Tante Fritzi Kaufman schickte mir die Bestätigung. Wir bekamen eine Besuchserlaubnis und durften im Juni 1951 ausreisen. Die kleine energische Fritzi nahm uns herzlichst auf und fuhr umgehend mit uns zur Erholung nach Blankenberge an der belgischen Küste.

Das Leben bekam wieder Farbe.

Nach der Bahnreise von Wien nach Belgien blieb von unserem Ersparten nur wenig übrig, aber unsere gute Tante hegte und pflegte uns, wir hatten keine Kosten und kamen so langsam zur Besinnung. Auf den Vorschlag meiner Tante, in ihre Strickfabrik einzusteigen, ging mein Mann nicht ein. Er schmiedete eigene Pläne und wollte nach Antwerpen. Dort, in der frommen chassidischen Gemeinde, fühlte er sich heimisch.

»Antwerpen ist schön, dort liegt unsere Zukunft.« Ich war mir sicher.
Wir schrieben dem Rabbiner der Wizsnitzer Chassidim in Israel, deren Traditionen und Weisheit uns aus unserer Heimat vertraut waren, und baten ihn um seinen Segen. Bereits zwei Wochen später erhielten wir die positive Antwort.
Samuel schaute sich umgehend nach einer Wohnung in der Nähe des Antwerpener Bahnhofs um, dort, wo viele Glaubensbrüder wohnten, wo die Synagogen und Gebetshäuser, die Schulen und Banken, die koscheren Bäckereien, Metzgereien und Lebensmittelhändler ansässig sind und wir einen Hauch unseres »Schtetl« wiederfanden.
Das kleine Apartment an der Lange Kievitstraat Nummer 105 war unser erstes Nest. Für die Übernahme der Wohnung mit Möbeln mußte Samuel Herrn Guttman, ebenfalls ein Wizsnitzer, der immer noch in Antwerpen wohnt, 150 Dollar Abstand zahlen. »Ich hoffe, ihr macht in der kleinen häßlichen Wohnung noch mehr Geld, als ich es schon gemacht habe«, lachte der gute Mann und wünschte uns viel Glück. Es waren zunächst mühsame Jahre. In Siebenbürgen war Samuel mit dreiundzwanzig Jahren bereits sein eigener Herr gewesen, und es fiel ihm schwer, in Antwerpen wieder völlig von vorne anfangen zu müssen. Aber er liebte seine kleine Familie, war ein harter Arbeiter und scheute keine Herausforderung. Wir haben uns gegenseitig gestützt. Ich habe sparsam gewirtschaftet. Die ganze Woche lebten wir zu viert von einem Huhn. Ich habe es geviertelt, den Hals mit Brot und Eiern gefüllt, die beiden Schenkel zu Buletten verarbeitet und die Knochen zu einer köstlichen Brühe ausgekocht. So wurden wir satt.

Wir wohnten drei Jahre an der Lange Kievitstraat. Nach und nach versuchte Samuel in der Diamantenbranche Fuß zu fassen, doch er besaß nur die weiße Karte der Emigranten. Er durfte also offiziell nicht arbeiten. Aber er nutzte die Zeit, stand tagtäglich draußen vor der Börse, traf sich mit Bekannten und Diamantenhändlern, ließ sich Material zeigen und besuchte Agenturen und Broker. Wir lebten bescheiden, aber zufrieden.
Es ging aufwärts.
Ich konnte den Sommer über mit den Kindern an die See fahren und genoß mit ihnen die gute Luft an der belgischen Küste. Samuel kam freitags und blieb über das Wochenende da. Wir waren glückliche, zufriedene Eltern. Ich bekam insgesamt neun Kinder. Vier sind am Leben geblieben: Srul, Surka, Natasha und Amanda.

1958, wir wohnten inzwischen fast sechs Jahre in Antwerpen, erwarben wir die belgische Staatsbürgerschaft. Mein Mann schloß sich der Diamantenbörse an.
Nun stand uns nichts mehr im Wege. Wir sparten und investierten immer wieder in Diamanten. Abends, bis in die späte Nacht hinein, sah ich voller Stolz meinem ehrgeizigen Mann zu, der mich des öfteren, gespannt über seine Steine gebeugt, fragte: »Was meinst du, ist das rosa, blau oder gelb?« Fast abwesend fügte er manchmal hinzu: »Gefällt es dir?«
Er eignete sich sein ganzes Wissen allein an.

Wir haben unser jüdisches Leben in der flämischen Stadt an der Schelde wiedergefunden.
Die glücklichen und harmonischen Jahre in Antwerpen –

es sind inzwischen mehr als vierzig – haben mir geholfen, die mich bedrohende Lebensangst, die mir über Jahrzehnte ein ständiger Begleiter war, zu verdrängen, ja sogar fast zu vergessen.
Diese Stadt ist meine Heimat. Wie oft hatten und haben wir mit Belgiern zu tun, Diamantenhändlern wie Samuel, die während des Krieges mehrere Juden versteckt haben und Jiddisch sprechen wie wir.

Die Welt hat hier mit uns Frieden geschlossen und wir mit ihr.

Meine beiden jüngsten Töchter sind in Antwerpen geboren. Gestandene, intelligente junge Frauen, dem Jüdischen selbstbewußt zugewandt, eine neue Generation ohne nennenswerte eigene Narben.
Im Gegensatz zu mir.
In den entscheidenden Jahren meines Lebens habe ich nichts Richtiges gelernt. Seit meinem vierzehnten Lebensjahr habe ich keine Schule mehr besucht. Das hat mich mein Leben lang belastet. Ungebildet zu sein, unfertig und zu früh eingebunden in unübersehbare Pflichten.
Bei der Geburt des letzten Kindes, mein Mann war geschäftlich unterwegs, nahm ich mir vor, falls ich jemals vermögend werden sollte, ein Erholungsheim für junge Mütter zu schaffen, damit sie sich nach der Entbindung Zeit nehmen können, um mit dem Baby vertraut zu werden, um sich zu entspannen und zu erholen, bevor der anstrengende Alltag beginnt, der Verzicht.
Für die wenigen jungen Jüdinnen, die den Schergen entkommen waren, gab es nach dem Krieg oft weder Cousinen

noch Tanten, geschweige denn Mütter oder Schwestern, die ihnen in den ersten Tagen nach der Geburt hätten beistehen können. Auch mir erging es so. Wie gerne hätte ich mich, wenigstens für kurze Zeit, anlehnen mögen.
Eine Freundin aus Haifa erzählte mir, junge Mütter in Israel müßten bereits nach zwei Tagen die Klinik verlassen, weil es nicht genügend Platz gebe und die Zeit knapp sei. Ich wünsche mir so, daß heute junge jüdische Mütter ihre Kinder in einer Atmosphäre voller Heiterkeit und Frieden liebevoll betreuen dürfen und eine junge unbefangene Generation großziehen können.
In der israelischen Hafenstadt Haifa stiftete ich mit dem Erlös aus Schmuckverkäufen ein Erholungsheim für diese jungen Mütter. Die Verwirklichung dieses Traumes wollte ich mir nicht »schenken« lassen. Auch nicht von meinem Mann.
Sollte es eine eigene Wiedergutmachung dem Leben gegenüber sein? Ganz persönlich von mir, einer Geretteten, einer Davongekommenen?

Wie hat Primo Levi es in seinem literarischen Testament beschrieben: »Wir Überlebenden sind nicht nur eine verschwindend kleine, sondern auch eine anomale Minderheit: Wir sind die, die aufgrund von Pflichtverletzung, aufgrund ihrer Geschicklichkeit oder ihres Glücks den tiefsten Punkt des Abgrunds nicht berührt haben. Wer ihn berührt, wer das Haupt der Medusa erblickt hat, konnte nicht mehr zurückkehren, um zu berichten, oder er ist stumm geworden.«
Ich wollte und konnte nicht länger stumm sein.

12. Juli 1993

Anhang

Anmerkungen zur Geschichte, Geographie und Politik

Seite 20 Anfang des 20.Jahrhunderts waren über zehn verschiedene ethnische Gruppen in der Karpaten-Ukraine heimisch. Ruthenen, Huzulen, Deutsche, Ungarn, Juden, Rumänen, Zigeuner, Tschechen, Polen und Serben lebten hier friedlich nebeneinander.

Seite 22 1389 zählte Nove Barovo angeblich bereits über 876 Einwohner, wie die Einheimischen erzählen. Viel größer wurde es im Laufe der Jahrhunderte wohl nicht. Und zum Wohlstand brachte es keiner. Weder die Ruthenen noch die Juden. Die Obrigkeit war habgierig und immer fremd. Wie überall hier an den Ufern der Theis, der Tereswa und wilden Mokrana. Wie überall in dieser Provinz. Bis heute.

Seite 23 Am Fuße der unfruchtbaren, unbewohnten Berge und Wälder öffnen sich breite Täler. Dort liegen Tetsch, Bustino und das Marktstädtchen Chust, etwa 28 Kilometer von Nove Barovo entfernt. Hier haben die Ruthenen damals ihre prachtvollen Wollmäntel feilgeboten, und Frauen in bestickten Blusen und bunten Schleifen saßen an den lebhaften Markttagen mit Waldkräutern am Stra-

ßenrand und hofften auf Käufer. Schafe und Pferde wurden von jüdischen Viehhändlern aus Galizien und der Bukowina über die Karpaten geführt, während die Bauern der Marmaros-Provinz in Chust und Sighet begierig auf Nachschub warteten. Händler brachten aus Polen unbehandelte und gegerbte Felle mit, und aus der ungarischen Pußta kamen Roggen, Mais, Wein und der ersehnte Tabaksegen. In den Tälern ließ es sich besser leben als da oben, wo die Bäche von den Bergen hinabstürzen, auch wenn die jährliche Durchschnittstemperatur in den Ebenen nur acht Grad beträgt und der Schnee die Bewohner von Oktober bis April überraschen kann.
Früher frönten hier die ungarischen Gutsherren der Jagd. Wild gab es im Überfluß. Später kamen die höheren tschechischen Beamten, ungarische und deutsche Generäle. Auch die kommu-nistischen Funktionäre aus Moskau ließen sich den Spaß nicht nehmen und reservierten die Jagdhütten, und die ruthenischen Bäuerinnen mußten ihnen Wild und Bachforellen schmackhaft zubereiten. Heute tummeln sich in den hohen Wäldern wieder die neuen Reichen auf der Suche nach einem seltenen Steinadler oder sogar einem Bären. Alles wie eh und je.
Die Geschichtsschreiber sind sich nicht einig, ob das Hochland bereits ab dem 14. Jahrhundert oder erst ab dem 16. oder 17. Jahrhundert besiedelt war.
Doch eines steht fest, jahrhundertelang war das Land Zankapfel zwischen Ungarn und Polen. Bis ins 20. Jahrhundert gehörte die Karpaten-Ukraine zu Ungarn. Diese jahrhundertealte Verbindung mit den Magyaren prägte den Charakter des Landes und die Weltanschauung der Bewohner. Da es keine Bodenschätze gab wie im Westen

der Slowakei und im Süden Siebenbürgens, ließen sich hier auch weniger Einwanderer nieder. Ein englischer Reisender soll schon um die Jahrhundertwende nach Hause geschrieben haben: »Die Ungarn schätzten die Karpaten-Ukraine nur wegen ihres großen Wildreichtums.« Das Land war rückständig, Stiefkind der österreichisch-ungarischen Monarchie, »dem Verhungern nahe, vom Alkoholismus befallen, mit einem hohen Prozentsatz an Analphabeten und der Mentalität des finstersten Mittelalters« (so bei Nikolaus G. Kozauer: Die Karpaten-Ukraine zwischen den beiden Weltkriegen). Der tägliche Kampf ums Überleben bestimmte die kümmerliche Existenz der Menschen. Die wenigen nicht sehr fruchtbaren Felder in den engen Tälern, wo der Frühling spät einzieht und die Schatten der Berge nur am Mittag für kurze Zeit weichen, brachten nie genug Ertrag, um Mensch und Vieh satt zu bekommen. Die Bergbewohner lebten von der harten Waldarbeit.

Seite 25 In den zwanziger Jahren suchten schließlich eine grofle Anzahl Juden ihr Heil in der Auswanderung. Nach dem Ende der k. u. k. Monarchie wurde Marmaros geteilt. Das Gebiet südlich der Theis kam zu Groß-Rumänien. Das Gebiet nördlich der Theis wurde Teil der Tschechoslowakei. Das landwirtschaftlich geprägte Rumänien besaß eine lange antisemitische Tradition. Die Tschechoslowakei war ein demokratisches Land. Von brutalem Antisemitismus konnte zwar keine Rede sein, aber einen verkappten »Salon-Antisemitismus« gab es auch dort. Die Händler wurden sehr hoch besteuert, was die Juden, die hauptsächlich Händler waren, zu spüren bekamen. Offizielle »Steuereintreiber« machten ihnen das Leben schwer. Nun wurde auch für die Marmaros-Juden das Exil Traum und Ziel. Sie wanderten aus in die USA, nach Palästina und nach Südamerika.

Seite 32 Die Ungarn hatten jahrhundertelang kaum etwas für die Bildung der einheimischen Bevölkerung getan. Ihre systematische Assimilationspolitik zielte auf die Schaffung einer einheitlichen ungarischen Nationalität. Die ruthenische Eigenheit war ihnen gleichgültig. Vor dem Ersten Weltkrieg war weit mehr als die Hälfte der Bevölkerung analphabetisch. Ruthenisch wurde gar nicht unterrichtet. Ungarisch sollten die Leute sprechen, lesen und schreiben. Da es keine Schulpflicht gab, hatte diese Bestimmung wenig Wirkung. 1919 konnten so fast sechzig Prozent der ruthenischen Bevölkerung weder lesen noch schreiben. 1933 waren es nur noch vierzig Prozent. Das war die Leistung der Tschechen, die nach der Machtübernahme 1919 sofort die Schulpflicht eingeführt hatten. Jedes Kind mußte sechs Jahre Volksschule und zwei Jahre Sonntagsschule absolvieren.

Seite 38 Sechs Kilometer von Nove Barovo entfernt lag im schmalen Theistal, dem einzigen fruchtbaren Tal der Marmaros-Gegend, der Ort Bustino. Er war der wichtigste Umschlagplatz für die Holzindustrie der Gegend. In Bustino führten die Juden ein reges religiöses Leben. Sie hielten sich an die Gesetze Moses, waren aber doch insgesamt recht liberal eingestellt. Sie trugen keine »Shtreimels«, diese überdimensionalen pelzverbrämten Hüte, und so mancher rechtschaffene Jude rasierte sich sogar den Bart. Diese Mentalität war eine Ausnahme in der sonst sehr traditionsbewußten Marmaros-Region. Durch die günstige geographische Lage des Städtchens blühte der Handel. Die Terebla mündet hier in die Theis. Die alte Eisenbahnstrekke Chust-Sighet bescherte dem Ort einen Verladebahnhof, und die Straße, die in den Norden nach Galizien führte, bot gute Transportmöglichkeiten über die Grenzen.

Bereits 1728 wurde in Bustino der erste Jude registriert. »Joseph« kam aus Galizien, ließ sich mit Frau und Kind in der ungarischen Kleinstadt nieder, eröffnete eine Wirtschaft, produzierte Honigwasser, baute und betrieb drei Kornmühlen.

Im 18. und der ersten Hälfte des 19. Jahrhunderts blieb die jüdische Gemeinde in dem stark ungarisch geprägten Städtchen klein und bedeutungslos. Bustino war Anlaufstelle und Durchgangsstation für Juden, die nach Ungarn oder noch weiter, nach Westeuropa, emigrieren wollten. Diese Emigranten stammten zumeist aus Galizien. In den Jahren 1863 und 1864, nachdem die Juden unter dem fehlgeschlagenen Aufstand in Polen gegen die russische Fremdherrschaft zu leiden hatten, weil die Polen in ihrer furchtbaren Lage einen Sündenbock suchten und die Russen an der gesamten Bevölkerung Rache nahmen, verließen viele ihre Heimat Galizien, um sich jenseits der Berge in der Karpaten-Ukraine eine neue Existenz zu schaffen.

Abraham Krause war einer der Juden, die nach Bustino kamen und hier ihr Glück machten. Seine Familie besaß Ende des vorigen Jahrhunderts Hunderte und Aberhunderte Hektar Wald und ein führendes Holzunternehmen. Ungarn hatte ehrgeizige Eisenbahnpläne. In den Sägewerken und Schreinereien der Krauses wurden Eisenbahnbohlen angefertigt und damit Dutzende von Arbeitsplätzen, auch für Juden, geschaffen. Rabbi Moshe Bruchstein, der 1882 von Galizien über die Karpaten zog, machte in Bustino ebenfalls sein Glück. Er produzierte Spazierstöcke und belieferte bald das gesamte Belle-Epoque-Europa mit seinen aufwendig verarbeiteten Stöcken aus den edelsten Hölzern der Karpatenwälder. Während des Ersten Weltkrieges verkaufte er obendrein Hunderte, ja Tausende von Krückstöcken und machte ein Vermögen damit.

Nach dem Ersten Weltkrieg verschlechterte sich die wirtschaftliche Situation in Bustino und seiner Umgebung erheblich. Solange das Land zu Ungarn gehört hatte, waren jährlich große Holzmengen aus der Gegend in die ungarische Tiefebene transportiert und auf den Märkten von Szabolcs und Satmar verkauft worden. Diesen natürlichen Absatzmarkt verlor die Karpaten-Ukraine 1919. Die meisten Hochlandbewohner hatten keine Arbeit mehr und verarmten. Der Großteil des Ackerlandes, von dem man hätte leben können, gehörte einigen wenigen Großgrundbesitzern. Die ruthenischen Bauern standen sich zudem selbst im Wege. Ihre Ackerbaumethoden waren primitiv, und die Bauern waren für die neuen Techniken nicht offen. Industrie gab es nur wenig. Die Tschechen versuchten zwar neue Industriezweige einzuführen, aber wegen des Mangels an Fachkräften und der allgemeinen Rückständigkeit des Landes konnten sie der Konkurrenz nicht standhalten.

Arbeitslosigkeit und Hungersnot bestimmten das Leben. Die Menschen waren hilflos und deprimiert. Die Juden hatten zudem während des Ersten Weltkrieges in Osteuropa unter den in ihrer galizischen Heimat ausgetragenen Kämpfen zu leiden. Und wieder waren Tausende von

Menschen auf der Flucht über die Berge in die Karpaten-Ukraine. 1930 machten dann hier die Juden über acht Prozent der Gesamtbevölkerung aus.

Seite 41 Admiral Nikolaus Horthy, damaliger ungarischer Reichsverweser, knüpfte Kontakte auf höchster Ebene und traf sich bereits im September 1936 mit Adolf Hitler. Die Konferenz von München am 29. September 1938 gab Deutschland nicht nur die Möglichkeit, die sudetendeutschen Gebiete der CSR wieder unter seine Macht zu bringen, sondern befaßte sich auch mit den ungarischen und polnischen Minderheiten in diesem Land. Die tschechische Regierung wurde von Großbritannien, Frankreich, Italien und Deutschland gezwungen, die Gebiete mit überwiegend ungarischer Bevölkerung an Ungarn zurückzugeben. Da Ungarn und die Tschechoslowakei sich nicht über die Modalitäten einigen konnten, sprachen das faschistische Italien und Deutschland den Schiedsspruch. Am 2. November 1938 wurde in Wien die endgültige Entscheidung der Verhandlungen bekanntgegeben. Für die Karpaten-Ukraine, seit 1919 unter tschechischer Herrschaft, wurde eine Teilung der Region beschlossen. Sie mußte an Ungarn die fruchtbarsten Gebiete abtreten. Uzgorod, die Hauptstadt und das Verwaltungszentrum, Munkatsch, das bedeutendste Handelszentrum, und Beherovo, das landwirtschaftliche Zentrum, gingen verloren. Die Eisenbahnlinien wurden zerstört oder unterbrochen. Es gab keine Verbindung mehr zwischen den Städten, auch die Bahnverbindungen zwischen der Slowakei und Böhmen waren abgeschnitten. Die neue Regierung der erheblich geschrumpften Karpaten-Ukraine stand vor unlösbaren Problemen. Wirtschaftlich drohte dem Land der Ruin und damit eine Hungersnot. Die kleine Marktstadt Chust wurde neue Hauptstadt, da die anderen blühenderen Städte nun zu Ungarn gehörten. Chust entwickelte sich gleichzeitig zum Schmelztiegel einer extrem nationalistischen ukrainischen Bewegung. Die Führer der proukrainischen Bewegung hielten die Stunde der Vereinigung aller Ruthenen für gekommen. Auch sie glaubten an die Unterstützung durch das mächtige Deutschland. Denn Deutschland hatte in ihren Augen im Schiedsspruch von Wien Ungarn »nur« diejenigen Teile der Karpaten-Ukraine zugesprochen, die hauptsächlich von Ungarn bewohnt wurden. Die Ruthenen waren in ihrer neuen Hauptstadt Chust der Meinung, daß Deutschlands Politik in bezug auf sie dem Prinzip der Selbstbestimmung der Völker folge. Die Ungarn dagegen nahmen in der Überzeugung, die Karpaten-Ukraine werde sich ihnen freiwillig anschließen, nachdem ihre bedeutendsten Städte und der übergroße Teil des fruchtbaren Landes verlorengegangen waren, die Entscheidung des deutsch-italienischen Schiedsgerichts sofort an.

Im März 1939 überschritten deutsche Truppen die Grenzen von Böhmen und Mähren. Gleichzeitig teilten die Deutschen der ungarischen Regierung mit, daß gegen die Besetzung der übrigen Karpaten-Ukraine keine Einwände bestünden. Dafür verlangten die Deutschen von den Ungarn als Gegenleistung eine Durchzugserlaubnis. Alle bis dahin abgeschlossenen Wirtschaftsabkommen zwischen der Karpaten-Ukraine und dem Reich sollten weiterhin gültig sein. Die Rechte der Deutschen in der Karpaten-Ukraine sollten ebenfalls geschützt bleiben und die Regierungsmitglieder der Karpaten-Ukraine keiner Verfolgung ausgesetzt werden. Die ungarische Regierung stimmte diesen Bedingungen zu, und bereits am 14.März 1939 überschritten die ersten ungarischen Truppen die Grenze. Aus Berlin kam ein Telegramm mit der Anweisung an den deutschen Gesandten in Chust, die ruthenische Regierung der Karpaten-Ukraine solle den ungarischen Truppen keinen Widerstand leisten. Die deutsche Regierung bedauere es sehr, nicht in der Lage zu sein, das Protektorat zu schützen.

Das Marmaros-Gebiet wurde wieder ungarisch. Die magyarische Sprache wurde umgehend an allen Schulen der Karpaten-Ukraine wieder eingeführt. Die Jugendlichen wurden zum Beitritt in die Levente, eine paramilitärische ungarische Jugendorganisation, gezwungen. Wahrend die alte pro-russische Bewegung bereits unter dem tschechischen Regime im Winter 1938/39 zerstört worden war, wurde nun auch die pro-ukrainische Bewegung durch die ungarische Besatzungsarmee ausgelöscht. Die intellektuelle Jugend der Karpaten-Ukraine flüchtete scharenweise in die Slowakei, nach Rumänien und Galizien. Zwischen Herbst 1939 und Frühling 1941 verließen etwa 25 000 bis 30 000 junge Menschen ihre Heimat. Verhaftungen und Verfolgung waren an der Tagesordnung. Die Allianz mit der ungarischen Republik brachte der Bevölkerung der Karpaten-Ukraine wenig Gutes. Die Deutschstämmigen in den zahlreichen Dörfern der Karpaten schlossen sich fast alle, manche auch nur unter Zwang, den Nazis an und verfeindeten sich dadurch mit all ihren Nachbarn, seien es Ruthenen oder Juden. Viele junge Ruthenen, die von der politischen Entwicklung enttäuscht waren und von der nationalen Unabhängigkeit träumten, schlossen sich den Partisanen an und kämpften auf der Seite der Russen. Das schlimmste Schicksal aber ereilte die Juden und Zigeuner.

Seite 47 Alle Marmaros-Juden waren betroffen.
Am 9. August 1941 fielen die ungarischen Gendarmen in das Städtchen Bustino und sämtliche Ortschaften der Umgebung ein und nahmen wahllos jeden Juden fest, den sie zu fassen bekamen. Es gab weder Namenslisten noch irgendwelche sonstigen Angaben dazu, wer verhaftet werden sollte. Die Menschen wurden auf Lastwagen getrieben und über Yassin oder einen anderen Ort in den Karpaten nach Polen gebracht. Die ganze Aktion dauerte etwa eine Woche. Fast alle Juden wurden auf diese Weise abtransportiert und vertrieben. Nur einige wenige verfügten entweder über einen ungarischen Paß oder konnten ein Verdienstkreuz aus dem Ersten Weltkrieg vorzeigen. Sie wurden verschont, mußten sich aber regelmäßig bei der örtlichen Gendarmerie melden.

Seite 53 Der Rücken der fünfzig Kilometer langen CzarnahoraGebirgskette, auf der Zemir lag, bildet die Wasserscheide zwischen Theis, Pruth und Czeremosz und war die politische Grenze zwischen Galizien und Ungarn. Nur der westlich gelegene Pietrosberg befand sich damals auf ungarischem Boden. Der Rest gehörte zu Galizien.
Jahrhundertelang lebten hier verschiedene ethnische Gruppen, in bitterer Armut zwar, aber friedlich neben- und miteinander. Sowohl auf der galizischen als auch der ungarischen Seite des Czarnahora wohnten die Huzulen,

das geheimnisvolle Bergvolk, Halbnomaden, die auf dem Rücken kurzbeiniger, struppiger, robuster Pferde ihre Schaf- und Ziegenherden über die weiten Almflächen trieben. In der unberührten Landschaft, weit weg von Kirche und Schulen, lebten sie ihr Nomadenleben, zogen als Hirten, Holzfäller und Flößer über die Bergkuppen. Güter, Vieh und Almen sind Anfang des Jahrhunderts vorwiegend in die Hände der Juden übergegangen. Auch sie zogen mit ihrem Vieh über die Almen. Und in dem »Illustrierten Führer durch Galizien« aus dem Jahre 1914 heißt es: »Der Anblick der schläfenlockigen Hirten mit den runden Scheitelkäppchen und langen Kaftans macht einen sehr originellen Eindruck.« Die Gegend war eine touristische Attraktion. Zemir, wo man die Juden in jenem Lager auf offenem Feld zusammentrieb, war bis zum Zweiten Weltkrieg eine beliebte Sommerfrische und ein Wintersportort. An Feiertagen oder auf den Jahrmärkten in den Dörfern, wie zum Beispiel in Delatyn, wurden die Huzulen von den Touristen aus Warschau, Lemberg, Chernowitz oder Chust mit großen Augen bestaunt. Und angesichts der vielen in den Dörfern ansässigen Juden konnte man sich überall in deutscher Sprache verständigen. Die prachtvolle Gebirgslandschaft, die steilen Uferfelsen, die engen Flußwindungen, die dunklen Wälder und lichtgrünen Almen und vor diesem Hintergrund das bunte Huzulenvölkchen, es soll ein einzigartiges Erlebnis gewesen sein.

Seite 54 Zur Jahrhundertwende war Galizien, das zu Polen gehörte, über eine Länge von sechshundert Kilometern durch das Karpatengebirge und anschließende Wälder vom ungarischen Teil des Habsburgischen Reichs geschieden.

Damals war Galizien mit seinen mehr als acht Millionen Einwohnern eines der am dichtesten besiedelten Länder Osteuropas, im Gegensatz zu der ausgesprochen dünn besiedelten Karpaten-Ukraine. Auf einen Quadratkilometer kamen in Galizien 102 Menschen. Dreiviertel der Gesamtbevölkerung lebte von der Landwirtschaft, so daß die Bevölkerungsdichte zu gewaltigen Problemen führen mußte. Anfang dieses Jahrhunderts verließen aus materieller Not jährlich fast eine halbe Million Menschen das Land. Sie suchten ihr Glück in Übersee. Manche verdingten sich zur Saisonarbeit in Deutschland, Frankreich und Dänemark. In der polnischen Republik stellten die Juden, etwa drei Millionen, rund zehn Prozent der Gesamtbevölkerung. In Galizien bildeten sie in zahlreichen Städten sogar die Mehrheit. In der Industrie, im Handwerk und im Handel waren sie überrepräsentiert. Nur vier Prozent der Juden lebten von der Landwirtschaft. Dazu zählten diejenigen, die bei den Huzulen in den Almhütten der Karpaten lebten. Eine verschwindend kleine Schar.
Nach dem Ersten Weltkrieg verstärkte sich in Polen vor allem bei den Anhängern der national gesonnenen und der Bauernparteien der immer schon latent vorhandene Antisemitismus. Mit der schweren Wirtschaftskrise Ende der zwanziger Jahre flackerte der Judenhaß auch in breiteren Bevölkerungsschichten erneut auf. Die Politik trug das ihre dazu bei. Juden wurde der berufliche Aufstieg verwehrt, man stellte sie als Ingenieure oder auch nur als Arbeiter nicht mehr ein, verwies sie in den Hörsälen der Universitäten auf »Ghetto-Bänke«. 1937 wurde schließlich die »Polonisierung der Wirtschaft« Programm. Die Juden verarmten so zusehends. In Deutschland entzogen zur gleichen

Zeit die Nazis den hier lebenden polnischen Juden die Aufenthaltsgenehmigungen. Bereits im Oktober 1938 wurden zwischen 17 000 und 20 000 polnische Juden an die Grenze gebracht, um in ihr »Heimatland« abgeschoben zu werden.1939 lebten dann drei Millionen Juden in Polen. Ausgeliefert und gefangen im eigenen Land.
Heiko Haumann stellt sich zwar in seiner »Geschichte der Ostjuden« die Frage: »Hätten die Polen den Juden mehr helfen können?«, aber er schreibt dabei über die antisemitischen Ausbrüche in Polen: »Sie sollen keineswegs verharmlost werden, aber sie waren nicht alles. Die sogenannte ›Jiddischkeit‹ wurde von vielen Polen akzeptiert. Es ist schwer zu sagen, wie sich diese Faktoren ohne den Nationalsozialismus weiterentwickelt hätten.«
Viele Aspekte des polnischen Antisemitismus sind bis heute umstritten. Mancher Historiker vertritt die Meinung, daß die polnischen Hilfsorganisationen für Juden einzigartig in Europa waren und daß es zahlreiche individuelle Hilfsaktionen gab. Andere sind der Ansicht, die Hilfsbereitschaft habe eher die Ausnahme dargestellt. Die antisemitischen Tendenzen hätten dagegen eine entscheidende Rolle gespielt.
Seite 60 Das Städtchen Kolomea mit einem Kreisgericht und einer Finanzbezirksdirektion, einem polnischen und einem ruthenischen Gymnasium zählte vor dem Ersten Weltkrieg bereits 45 000 Einwohner. Zahlreiche Sommerfrischler zogen in der schönen Jahreszeit in die Villen am Rande der Stadt und ließen sich den Wein und das Obst aus den Dörfern der Umgebung schmecken. Die Juden brachten an Markttagen ihre Pflaumen, Marinen und Pfirsiche zum Verkauf auf den »Ringplatz« in Kolomea, wo die

Huzulen in ihren malerischen Trachten ihre Schnitzereien feilboten. In diesem Städtchen blühte das Kunstschnitzergewerbe und das Weberhandwerk.
Wie Kolomea lag die Mehrzahl der schönsten Touristenorte in Ostgalizien an der Eisenbahnstrecke. Der »Illustrierte Führer durch Galizien« gab den Rat: »Für Reisende III. Klasse ist samstags der bequemste Tag, da an diesem Tag keine Juden reisen, die sonst für diese Wagenklasse die meisten Passagiere stellen. Die Ortschaften ohne Eisenbahnverbindung kann man meistens mittels Postwagens erreichen. In größeren Provinzstädten gibt es auch Fiaker und Droschken. Da die Kutscher in kleineren Ortschaften meist Juden sind, müssen sich Reisende, welche freitags abends oder samstags ankommen, auf den Mangel einer Fahrgelegenheit gefaßt machen.« Und da »in den kleineren Städten der ganze Handel in den Händen der Juden liegt, sind alle Geschäfte am Samstag geschlossen, und man kann an diesem Tage nichts käuflich erwerben. Besucher Galiziens stoßen in Hinsicht der deutschen Sprache auf keine Schwierigkeiten, da nicht nur die jüdische, sondern auch die polnische Bevölkerung des Mittelstandes sich deutsch zumindest verständlich machen kann«.

Seite 72 Die damalige russische Grenze war von Kamenjitsch-Podolski aus nicht weit. Die Ufer des Dnjestr sind hier steil und felsig. Der legendäre Strom liegt hier, am tiefsten Punkt Galiziens, breit inmitten der schönen Landschaft, einer Weingegend, die damals, auch wegen ihres milden Klimas, von vielen Touristen besucht wurde.
Überall gab es jüdische Städtchen wie Okopy, Zwniec, Ghocim und schließlich Kamenjitsch-Podolski, die am

schönsten gelegene, von steilen Felsen und Wasser umgebene Stadt Galiziens.

Seite 90 Der Anteil der Juden in Budapest, auch unter den Freiberuflern, war beachtlich. Anfang des Jahrhunderts machten die Juden über 25 Prozent der ungarischen Bevölkerung und im Zentrum der Stadt, am Puls des Handels- und Geschäftslebens, sogar 35 Prozent aus. Das jüdische Großbürgertum war dem Hochadel eng verbunden und häufig im Finanzwesen tätig. Zwischen den beiden Weltkriegen lebten etwa 200000 von 450000 ungarischen Juden in Budapest, weshalb die Stadt als eines der wichtigsten jüdischen Zentren in Europa galt. Zwischen 1938 und 1941 nahm der Anteil der Juden an der Bevölkerung noch stark zu, weil in dieser Zeit aus den annektierten Gebieten, wie der Südslowakei, Nordtranssylvanien sowie dem Nordosten von Jugoslawien und letztendlich auch der Karpaten-Ukraine, weitere 401000 jüdische Bürger nach Ungarn zogen. 1941 lebten hier etwa 725000 Juden. Im Unterschied zu den jüdischen Bürgern in der Hauptstadt waren jene aus den annektierten Gebieten nahezu alle orthodox und lebten fast ausschließlich am Rande des Landes. Diese zugezogenen Orthodoxen und die assimilierten Budapester Juden fanden nicht zueinander. Sie waren sich völlig fremd.
Trotz des hohen Ansehens der Juden in Budapest und ihrer Loyalität gegenüber den Ungarn nahm der Antisemitismus auch in der Hauptstadt von den zwanziger Jahren an zu. Ab Mai 1938 wurden restriktive Gesetze eingeführt, durch die den Juden die Zulassung zu manchen Berufen erheblich erschwert wurde. Der jüdische Mittelstand hat-

te darunter schwer zu leiden. Heiko Haumann beschreibt die Situation in seiner »Geschichte der Ostjuden« so: »Als dann immer mehr Juden, gerade auch Ostjuden, nach Budapest kamen, verfestigte sich der falsche Eindruck, jetzt seien Massen von jüdischen Ausländern zugewandert. Daraus entstand eine Vorstellung vom ›guten Assimilierten‹ und vom ›schlechten galizischen Juden‹, die nach dem Ersten Weltkrieg die Basis für einen offenen Antisemitismus bot und von der jüdischen Oberschicht nicht mehr korrigiert werden konnte, weil sie diese Trennung selbst einmal vertreten hatte.«

Seite 98 Anfang des Krieges wurde die Lage der Juden auch in Budapest angespannter. Ab August 1941 durften keine Mischehen mehr geschlossen werden. Ab 1942 wurde jüdischer Besitz Ziel der Enteignung. Unter dem Befehl ungarischer Offiziere wurden Juden zum Arbeitsdienst eingezogen. 1941, als Ungarn dem Krieg beitrat, wurden über 40000 jüdische junge Männer an die ukrainische Front geschickt. Ende 1943 kamen über 5000 Zwangsarbeiter aus der Ukraine wieder und erzählten schonungslos, was in Galizien und anderswo vor sich ging. Tausende von osteuropäischen Flüchtlingen kamen mit ihrem armseligen Handgepäck nach Budapest und erzählten ihre Geschichte. Die zionistische Partei versuchte, die Mitglieder des Judenrats in Budapest zu warnen. Der sichere Tod stünde vor der Tür. Doch die Budapester Juden konnten oder wollten die Bedrohung einfach nicht wahrhaben.
Die damalige deutsche Zeitung »Grenzbote« ermittelte, daß in Ungarn die Juden ein Drittel aller Schriftsteller, 49,2% aller Rechtsanwälte, 34,6% der Ärzte, 30,5% aller

Ingenieure, 45,5% der selbständigen Kaufleute, 33,9% aller Großgrundbesitzer und 71,9% der Bankiers stellten. Ein Viertel des Gesamteinkommens von Ungarn sei in jüdischen Händen. Jedoch lebten nach den Annexionen 46,4% aller ungarischen Juden in der Karpaten-Ukraine. Sie waren fast alle arm. Sehr arm. Viele von ihnen sind schon vor 1944 ermordet worden.

Seite 102 Der Lagebericht Nummer 33 vom 27. April 1944 der Deutschen Wehrmacht formuliert diese »Maßnahmen« mit folgenden Worten:
»Im Zuge des neuen Regierungsprogramms wurden gegen die Juden verschiedene Maßnahmen getroffen:
Als Nichtjuden gelten Personen, von deren Großeltern nur der Großvater oder die Großmutter der israelitischen Glaubensgemeinschaft angehörten.
Alle Juden müssen vom 6. Lebensjahr ab heute außer dem Hause den Davidstern tragen. In jüdischen Haushalten dürfen ab 30. April 1944 keine arischen Hausangestellten beschäftigt werden. Alle jüdischen Rechtsanwälte werden bis zum 31. Mai aus der Advokatenkammer ausgeschlossen. Ebenso werden alle Juden aus der Mitgliederliste der Presse-, Theater- und Filmkammer bis zum 30. April 1944 gestrichen.
Die in jüdischen Händen befindlichen Apothekerlizenzen verlieren mit dem 30. Juni 1944 ihre Gültigkeit. Die Bereinigung der Ärzteschaft von Juden bringt wegen des großen Ärztemangels gewisse Schwierigkeiten. Zur Entjudung der Wirtschaft müssen 50% aller jüdischen Angestellten bis spätestens 31. Mai, die restlichen 50% bis zum 30. September entlassen werden. In Zukunft dürfen keine

Juden als Angestellte, Kaufmannsgehilfen, Direktoren oder Geschäftsführer und als Angestellte sonstiger Intelligenzberufe beschäftigt werden. Hierbei sind gewisse Ausnahmen zur ungestörten Fortführung des Wirtschaftslebens zugelassen, wobei der Begriff Jude, nicht im Sinne der Nürnberger Gesetze, verhältnismäßig großzügig gefaßt ist. Besonders politisch oder anderweitig belastete Juden sind bereits durch die SS verhaftet und in Konzentrationslager überführt worden. Das unbewegliche und bewegliche Vermögen der Juden ist mit Ausnahme eines Freibetrages anzumelden; ihre Guthaben bei Kassen und Banken sind gesperrt, wobei lediglich eine Entnahme von 1000,- Pengö monatlich freigestellt ist. Sämtliche jüdischen Firmen und Geschäfte müssen schließen. Die Warenvorräte und Geschäftseinrichtungen werden beschlagnahmt. Die in jüdischen Händen befindlichen Rundfunkapparate sind anzumelden und werden eingezogen. Es ist beabsichtigt, die Juden in der Nähe von Fabriken, Bahnhöfen und überall dort, wo mit Terrorangriffen gerechnet werden muß, anzusiedeln. Die Wohnungen in der Stadt sollen in erster Linie Bombengeschädigten zur Verfügung gestellt werden. Die Lebensmittelrationen für Juden werden herabgesetzt, wobei der Bezug von Butter, Eiern, Reis, Paprika usw. ausgeschlossen ist. Ferner werden alle jüdischen Organisationen aufgelöst und ihr Vermögen beschlagnahmt.«

Seite 104 Der deutsche Befehlshaber des Operationsgebiets Ostungarn meldete am 4. August 1944 in einer »Geheimen Kommandosache« eine deutliche Zunahme der Aktionen von Partisanen in der Karpaten-Ukraine. »Sie

sind auf Streif- und Raubzug. Diese Partisanen sabotieren Eisenbahnen, Brücken und Ähnliches.«
Und er fand in den Juden den Sündenbock für diese Lage: »Die von mir seit langem beantragte Entfernung jüdischer Arbeiterabteilungen, wenigstens aus dem Operationsgebiet, ist noch immer nicht durchgeführt. Diese Juden verschlechtern die Stimmung. Das Fehlen einer wirksamen deutschen Propaganda macht sich nach wie vor außerordentlich bemerkbar. Der endliche Verkauf des in Magazinen untergebrachten und dort zugrundegehenden Judengutes, hauptsächlich an arme Leute, würde die Stimmung verbessern.«
Adolf Eichmann ließ am 30. April 1944 über sein »Jüdisches Kommando« die zurückgebliebenen 15 000 jüdischen Einwohner von Munkatsch, dem orthodoxen Zentrum der Region, in einigen abgesperrten Straßen zusammentreiben und mit weiteren 5000 Juden aus der übrigen Karpaten-Ukraine in die Ziegelfabriken von Kallus und Sajovic bringen, von wo aus sie am 10. Mai 1944 fast ohne Ausnahme nach Auschwitz in die Gaskammern transportiert wurden.

Seite 105 Die Juden aus Bustino und der Umgebung, die die »Umsiedlung« überlebt hatten, waren dann jedoch von der Zwangsarbeitsverordnung betroffen, die für alle zwischen 21 und 49 Jahre alten galt. In Bustino wurde bereits 1941 mit dem Bau eines Militärflughafens begonnen. Die meisten Zwangsarbeiter kamen jedoch aus Budapest. Diese fast immer assimilierten, konvertierten oder liberalen Juden wußten nur wenig von der orthodoxen Lehre, von den heiligen Bräuchen, der Halacha und dem gesegneten

Sabbat ihrer chassidischen Brüder im kleinen Bustino an der Terebla. Kaum einer von ihnen sprach Jiddisch. Doch nun hatte sie alle, Orthodoxe und Assimilierte, dasselbe Schicksal getroffen, waren sie gleichermaßen Opfer des entfesselten Rassenhasses. Und auch wenn die Budapester Juden so »anders« waren, schon in ihrer Kleidung und ihrer Lebensweise – bei den wenigen frommen Juden von Bustino, die die »Umsiedlung« des Jahres 1941 überlebt hatten, wurden die geschändeten Zwangsarbeiter mit offenen Armen aufgenommen. Die einheimischen Juden versuchten alles nur Erdenkliche, um ihnen das unwürdige Leben zu erleichtern. Schritt für Schritt versuchten beide Gruppen, die Fremdheit zu überwinden. Der fromme Jude im schwarzen Kaftan öffnete sein Haus ohne Vorurteile und gab sein bestes Zimmer her. Die Frauen und Mädchen der jüdischen Gemeinde von Bustino buken Challes und Kartoffelkichla, kochten ihr Tscholent und teilten das letzte Stückchen geschächtetes Huhn mit den müden Zwangsarbeitern. Reich und arm, gebildet und geadelt, fromm und atheistisch: in Bustino fanden sie alle zusammen.

Seite 115 Satmar, ein Städtchen im äußersten Nordwesten Siebenbürgens, das heute in Rumänien liegt, gehörte vom September 1940 bis zum März 1945 zu Ungarn. Auch hier in Siebenbürgen lebten die verschiedenen Volksgruppen mehr oder weniger friedlich mit- und nebeneinander. Rumänen, Ungarn und die »Siebenbürger Sachsen« (1940 gab es etwa 250 000 Deutsche hier) waren in der Überzahl. Auch Zigeuner, Juden und Armenier hatten hier ihr Zuhause.

Seite 131 Laszlo Endre und andere, die für das »Entjudungsprogramm« verantwortlich waren, waren am 26. April 1944 in Satmar zusammengekommen, um den Vernichtungsprozeß der Juden im nördlichen Siebenbürgen im einzelnen auszuarbeiten.

Seite 140 Die chaotische Situation spiegelt sich schon darin, daß die Kriegstagebücher der deutschen Divisionen nur bis Mitte oder Ende 1943 reichen. Die Kriegstagebücher der höheren Kommandobehörden gehen bis 1944, in Ausnahmefällen bis in das Jahr 1945 hinein. Über die Armeegruppe von General Woehler gibt es noch bis zum 26. Oktober 1944 Tagesmeldungen. »Die Absatzbewegungen bei der 8. Armee verlaufen planmäßig. Bei den Abwehr-Kämpfen im Raum SO Szatmarnemeti wurde ein tiefer Feindeinbruch beseitigt, der Feind über die HKL zurückgeworfen und hierbei erbeutet bzw. vernichtet: 489 Gefangene, 224 gezählte Feindtote, 280 geschätzte Feindtote, 44 M. G., 16. Gr. W., 5 Geschütze, 2 Flak, 103 Pferde, zahlreiche Handfeuerwaffen und Gerät, sowie Fahrzeuge aller Art.«

Seite 175 Entsprechend beschreibt der rumänien-deutsche Schriftsteller Richard Wagner die Situation: »Die Vorstellung, Nordsiebenbürgen zurückerlangen zu können, stellte für Rumänien 1944 eine zusätzliche Motivation für den Frontwechsel zugunsten der Alliierten dar. Im August 1944 wechselte Rumänien die Fronten. Das heißt nicht, daß Rumänien getragen wurde von einer großen kommunistischen Partei. Im Gegenteil. 1944 hatte diese offiziell nur knapp 1000 Mitglieder. Das sollte sich rasch ändern. Kaum zwei Jahre später sollte sie die Partei der Massen werden und, mit Hilfe des großen Stalins, Regierungspartei. Am Kriegsende konnte Stalins Sowjetunion mit dem Pfand Siebenbürgen in Rumänien innenpolitisch Druck ausüben: Erst nach der Installierung der ersten prokommunistischen Regierung am 6. 3. 1945 wurde ganz Siebenbürgen von der sowjetischen Besatzungsarmee an die rumänische Verwaltung abgegeben.«

Seite 186 Vor dem Zweiten Weltkrieg lebten in Rumänien sehr viele Juden. Über 800000 Bürger jüdischen Glaubens sollen in Bukarest und den zahlreichen kleineren Städten wie Satmar gelebt und gearbeitet haben. Sie pflegten die jüdischen Traditionen und hatten regen Anteil am wirtschaftlichen, sozialen und kulturellen Leben des Landes. Heute gibt es in Rumänien nur noch knapp 30000 jüdische Bürger. Sie spielen in der rumänischen Gesellschaft kaum noch eine Rolle.
Auch in Rumänien war, wie fast überall in Osteuropa, ein Großteil der Bevölkerung antisemitisch. Nach 1938 – nachdem eine Vielzahl antisemitischer Gesetze verabschiedet worden war – hatten Juden im öffentlichen Leben, auch in der Wirtschaft, keine Chance mehr. Zu Beginn des Krieges, im Jahre 1941, fanden in Bukarest und mehreren kleineren Städten, in denen es relativ viele Juden gab, grausame Pogrome statt. Als deutlich wurde, daß die Deutschen den Krieg nicht mehr gewinnen konnten, schwenkten die Rumänen auch in der Haltung gegenüber Juden rasch um. Deportationen in deutsche Vernichtungslager wurden von heute auf morgen untersagt. Marschall Antonescu, der Staatsführer während des Krieges und Verbündete Hitlers,

soll sogar einen Teil der Überlebenden aus den Lagern in der Ukraine zurückgeholt haben, sein Außenminister soll Juden gegen Bezahlung ausreisen lassen haben. Er ließ sich aber vorsichtshalber diese gute Tat von den »Glücklichen« bescheinigen und legte diese Beweise »für alle Fälle« in seinen Tresor, schrieb Richard Wagner.
Später ließ Ceauşescu »die jüdische Auswanderung aus Rumänien, die schon in den fünfziger Jahren eingesetzt hatte, zu gegen viel Geld, versteht sich – und gegen die Hilfe US-amerikanischer Zionisten beim Erlangen der Meistbegünstigungsklausel im Handel mit den Vereinigten Staaten«.

Seite 191 »Ist es vorstellbar, daß der Geist der ›Schwarzen Hundertschaften‹, daß der Geist der SS in unseren eigenen Reihen wieder auflebt?« schrieb Artur London, damaliger stellvertretender Außenminister der Tschechoslowakei und selbst Jude.
Zu den zahlreichen Verhören, denen sich London in der Nachkriegszeit unterziehen mußte, meinte er: »Als ich zu Beginn meiner Haft einem bösartigen, geradezu hitlerischen Antisemitismus begegnete, konnte ich glauben, dies sei Sache einiger weniger. Für eine so schmutzige Arbeit stellte der Sicherheitsdienst wohl keine Heiligen an. Jetzt weiß ich, daß dieser Geist, wenn er sich auch während der Verhöre nur in sporadischer Form kundtut, doch von einer ganz systematischen Richtlinie Zeugnis gibt. Sobald ein neuer Name auftaucht, wollen die Referenten unbedingt erfahren, ob es sich da nicht um einen Juden handelt. Die Geschickteren unter ihnen fragen: ›Wie hieß er vorher? Hat er nicht im Jahre 1945 seinen Namen geän-

dert?‹ Von ›Juden‹ ist allerdings niemals die Rede. Das Wort Jude war ja eine Beschimpfung. Daher der Umweg ›Zionist‹. Und es wurde eine Hexenjagd. Die Diskriminierung verlief unter dem Vorwand, die ›Zionisten‹ seien in der Tschechoslowakei ein Fremdkörper und als solcher mehr oder weniger in unlauteren Schiebungs- und Spionageaffären kompromittiert.«

Seite 194 Slansky hatte mit seiner Karriere in der kommunistischen Partei der Tschechoslowakei kein Glück. Er wurde Opfer der Nachkriegsatmosphäre, die von Mißtrauen und Denunziantentum geprägt war. Stalin wollte dem »nationalen« Kommunismus das Fundament entziehen. Jeder beobachtete jeden. Wer vor dem Krieg oder während des Krieges in Spanien oder in westlichen Widerstandsbewegungen aktiv gewesen war, galt als Bourgeois und war denen verdächtig, die damals im Exil in Rußland tätig gewesen waren. In der stalinistischen Zeit wurden zudem die antisemitischen Vorurteile gegen Slansky wirksam. Slansky war bis 1951 Generalsekretär der kommunistischen Partei und wurde am 31. Juli 1951 anläßlich seines fünfzigsten Geburtstags in Prag noch mit großem Glanz gefeiert. Er rückte auf zum stellvertretenden Ministerpräsidenten. In der Nacht vom 23. zum 24. November 1951 wurde er verhaftet. Der Prager Slansky-Prozeß im Jahre 1952 war unter den osteuropäischen Schauprozessen der fünfziger Jahre besonders grausam. Von den vierzehn politisch hochrangigen Angeklagten waren elf »jüdischer Herkunft«.

Literaturverzeichnis

Neben den aufgeführten Titeln wurde auch auf Quellen zurückgegriffen, die im Bundesarchiv Koblenz, im Bundesarchiv/Militararchiv und im Militärgeschichtlichen Forschungsamt in Freiburg i.Br. sowie in der Staatsbibliothek zu Berlin archiviert sind.

Yehuda Bauer: American Jewry and the Holocaust, Wayne State University Press 1981

Alfred Bohmann: Menschen und Grenzen. Bevölkerung und Nationalitäten in der Tschechoslowakei, Verlag Wissenschaft und Politik, Köln 1958

The Book of Marmaros. Beith Marmaros in Tel-Aviv 1973

Israel Chalfen: Paul Celan – Eine Biographie seiner Jugend, Wer Insel Verlag, Frankfurt am Main 1979

Verena Dohrn: Reise nach Galizien – Grenzlandschaften des alten Europa, S. Fischer Verlag, Frankfurt am Main 1991

Encyclopaedia Judaica, Jerusalem 1973 ff.

Enzyklopädie des Holocaust, herausgegeben von J. Gutman, Ejäckel, P. Longerich und J. H. Schoeps, Berlin 1993

Tarnas Ferner-Sandor Scheiber: ... und sollst deinem Sohn sagen ..., Fourierverlag, Wiesbaden 1984

Heiko Haumann: Geschichte der Ostjuden, Deutscher Taschenbuchverlag, München 1991

Herlitz: Jüdisches Lexikon, Suhrkamp Verlag, Frankfurt am Main 1992

Die Donauschwaben. Deutsche Siedlung in Südosteuropa, herausgegeben vom Innenministerium Baden-Württemberg, Jan Thorbecke Verlag, Sigmaringen o. J.

Toby Knobel Fluek: Erinnerungen an mein polnisches Dorf 1930–1949, Droemer Knaur Verlag, München 1990

Nikolaus G. Kozauer: Die Karpaten-Ukraine zwischen den beiden Weltkriegen, Bruno Langer Verlag, Esslingen am Neckar 1979

Primo Levi: Die Untergegangenen und die Geretteten, Hanser Verlag, München 1990

Artur London: Ich gestehe – Der Prozeß um Rudolf Slansky, Aufbau Taschenbuch Verlag, Berlin 1991

Anton Müller: Karpaten-Ruthenien. Rückschau, Ludwigsburg 1954

Mieczyslaw Orlowicz und Roman Kordys: Illustrierter Führer durch Galizien, A. Hartleben's Verlag, Wien/Leipzig 1914 (Nachdruck Helmut Scherer Verlag, Berlin)

Martin Pollack: Nach Galizien. Von Chassiden, Huzulen,

Polen und Ruthenen, Edition Christian Brandstätter, Wien und München 1984

Die jüdische Welt von Gestern. 1860–1938, herausgegeben von Rachel Salamander, Verlag Christian Brandstätter, Wien 1990
Deutsch-Mokra – Königsfeld, herausgegeben von Hans Schmid-Egger, Verlag Robert Lerche, München 1973

Hans Schmid-Egger: In Böhmen und Baden. Erinnerungen aus einem Leben im 20. Jahrhundert, o. O. 1975

Die Juden – Ein historisches Lesebuch, herausgegeben von Günter Stemberger, Verlag C. H. Beck, München 1991

Harav Naftali Stern: Emlekezz Szatmarra, Bne Brak 1984

Yad Vashem: History of Bustina, o. O. und o. J.

Richard Wagner: Sonderweg Rumänien. Bericht aus einem Entwicklungsland, Rotbuch Verlag, Berlin 1991

Robert Weisbrot: The Lews of Argentina, The Jewish Publication Society of America, Philadelphia o. J.

Elie Wiesel: Gesang der Toten, Herder Verlag, Freiburg/ Basel/ Wien 1987

Mark Zborowski und Elisabeth Herzog: Das Schtetl – Die untergegangene Welt der osteuropäischen Juden, Verlag C. H. Beck, München 1992